Zur Geschichte Der Sing-akademie In Berlin: Nebst Einer Nachricht Über Das Fest Am 50. Jahrestage Ihrer Stiftung Und Einem Alphabetischen Verzeichniss Aller Personen, Die Ihr Als Mitglied Angehört Haben [verfasser: Lichtenstein, Martin Hnr. Carl]...

Martin Hnr. Carl Lichtenstein

Zur

Geschichte

der

Sing - Akademie

in Berlin.

———————

Nebst einer Nachricht

über

das Fest am funfzigsten Jahrestage ihrer Stiftung

und

einem alphabetischen Verzeichnifs aller Personen,

die ihr als Mitglieder angehört haben.

———◆❧◆———

Berlin.

Im Verlag von Trautwein & Co.

——

1843.

Mit Akademischen Schriften.

Am 24sten Mai 1841 feierte die Sing-Akademie zu Berlin das Fest ihres 50 jährigen Bestehens, und von allen Mitgliedern, die an dieser Feier Theil nahmen, wurde der lebhafte Wunsch ausgesprochen, daſs die Umstände, welche das erste Entstehen dieser Anstalt herbeigeführt und begleitet haben, ihnen mehr im Einzelnen bekannt sein möchten. Denn es ist natürlich, daſs Wohlgesinnte, die einer, durch höhere geistige Interessen zusammengehaltenen Gesammtheit angehören, sich die frühesten Zustände derselben im eigentlichsten Sinne vergegenwärtigen wollen, um sich aus den schwachen Anfängen die spätere Folgezeit und die Gegenwart mit allen den Segnungen, die der reine Sinn eines edlen Stifters über sie verbreitet hat, zum Verständniſs bringen zu können. Diesen Wünschen sollen die nachfolgenden Blätter entsprechen, deren Inhalt den bisher unbenutzt gebliebenen handschriftlichen Nachrichten entnommen ist, die sich in der Bibliothek der Akademie vorfinden.

Einigermaſsen genaue Nachrichten über die Stiftung und allmählige Entwicklung der Sing-Akademie fehlten bisher ganz, und man begnügte sich mit den unvollständigen, ja theilweise irrigen Angaben, welche von älteren Mitgliedern aus der Erinnerung mitgetheilt, nach und nach in der Überlieferung immer dunkler zu werden anfingen.

Die einzige Schrift, welche über die Stiftung und anfängliche Einrichtung der Sing-Akademie einige Nachrichten enthält, ist Zelter's geistreiche, und in mehr als einer Beziehung verdienstliche Lebensbeschreibung von Carl Friedrich Fasch, welche im Jahre 1801 im Druck erschien. Sie sind aus frischem Gedächtniſs in die Biographie eingestreut, ohne von dem damals noch jugendlichen Verein einer Gegenwart berichten zu wollen, welche selbst Zeuge seines Entstehens gewesen war. Den edlen Character des entschlafenen Meisters darzustellen, ist ihre Haupt-Aufgabe, seine Stiftung wird nur in allgemeinen Zügen, als das Werk, in welchem sein künstlerisches Leben und Streben sich am vollendetsten zu erkennen gab, geschildert, daher fehlen alle sie betreffende Einzelheiten, alle genauere Angaben über Zeit und Ort, und über die bei ihrer Gründung mitwirkenden Personen.

Auch aus dem Gedächtniſs der ältesten Mitglieder waren solche bestimmte Angaben so sehr entschwunden, daſs noch bis vor wenigen Jahren ein bestimmtes Datum des Anfanges entweder gar nicht bekannt gewesen, oder nur nach einer ungefähren Zurückberechnung auf gut Glück angenommen worden ist (*). Als im Jahre 1816 die Rede davon war, daß die Akademie 25 Jahre bestehe, mußte eine eigentliche Feier unterbleiben, weil sich nicht sofort mit Gewißheit ermitteln ließ, in welchem Monat und an welchem Tage man sie zu begehen habe. Zwar war es wohl bekannt, daß Anzeichnungen von Fasch in ziemlicher Menge sich unter den aufbewahrten Papieren vorfinden müßten; es schien aber zu der damaligen Zeit der mühsamen Arbeit nicht werth, den sehr in Unordnung gerathenenen Vorrath, dessen Inhalt auch nicht für erheblich geachtet wurde, einer genauen Prüfung zu unterwerfen. Erst nach Errichtung des Sing-Akademie Gebäudes fand sich Raum und Gelegenheit, diese Papiere zu ordnen, und es wurde gleich damals erkannt, daß in ihnen die Materialien zu einer Geschichte der Sing-Akademie sehr vollständig enthalten seien. Denn Fasch hatte, nach der ihm eigenen Pünktlichkeit und Ordnungsliebe, von dem Augenblick der wahren Begründung seines Institutes an, nicht nur die Namen der in jeder Versammlung anwesenden Personen, und die in einer solchen zur Ausführung gekommenen Gesangstücke, sondern auch sogar die Namen der theilnehmenden Freunde oder fremden Gäste, die bei ihnen zugelassen waren, sorgfältig in eigene Bücher verzeichnet, in welche er später, wo ihn seine Kränklichkeit an persönlichem Besuch der Versammlungen hinderte, die ihm von seinen Stellvertretern übergebenen Notizen eigenhändig eintrug und mit mancherlei Bemerkungen begleitete. Aus diesem und seinem Gedächtniß hatte er im Jahre 1797 sogar eine kurz gefaßte Zusammenstellung der Begebenheiten der ersten Jahre niedergeschrieben, die, wenn auch nur wenige Quartblätter füllend, doch von vorzüglicher Wichtigkeit ist. Diese Papiere sind in neuerer Zeit zum Behuf dauernder Bewahrung nach den Jahrgängen zusammengebunden und so befindet sich unser Archiv im Besitz von mehr als 100 Bändchen ganz vollständiger Tagebücher, in welchen namentlich die Notizen von Zelter's Hand und seine Urtheile über die fortschreitende Tüchtigkeit der Anstalt und ihrer einzelnen Mitglieder, für die späteren Generationen einen hohen Werth behalten werden, indessen es gewagt erscheinen muß, schon für die jetzige Zeit von ihnen und von den, seit 1814 vollständig gesammelten Acten der Vorsteherschaft uneingeschränkten Gebrauch zu machen und sie etwa mit dem, was in Zelter's Briefwechsel mit Göthe über die Sing-Akademie mitgetheilt ist, in beurtheilende Vergleichung bringen zu wollen.

Es ist wohl vielmehr der Stimmung, die das Semisecularfest hervorgerufen hat, angemessener, auf die Veröffentlichung einer bis auf die neueste Zeit durchgeführten Geschichte zu verzichten, und die erfreuliche Gelegenheit nur dahin zu benutzen, daß den Genossen und Freunden unserer Akademie die anfänglichen Zustände, aus welchen sich allmählig die gegenwärtige Verfassung entwickelt hat, in ausgeführter Darstellung anschaulich gemacht werden. Die Begebenheiten der letzten dreißig Jahre können nur nach den Hauptmomenten berührt, nicht im vollen Zusammenhang von einem Einzelnen geschildert werden, der sie mit erlebte und der zu leicht eine persönliche Befangenheit in seine Darstellung übertragen könnte.

————

(*) So z. B. v. Hartung in seiner gedruckten Gedächtnißrede auf Madame Bachmann im Jahre 1818.

Carl Friedrich Fasch, dessen Persönlichkeit jedem unserer Leser aus der oben angeführten Zelterschen Schrift als hinlänglich bekannt vorausgesetzt werden darf, war Accompagnist des grofsen Königs, dessen höheres Alter bei allmählig ermattender Neigung zur Musik auch für den begleitenden Künstler eine gröfsere Mufse herbeiführte. Schon vom Jahre 1783 an war seine fortdauernde Gegenwart in der Nähe des Königs nicht mehr erforderlich und Berlin sein fester Wohnsitz geworden. Nur im Frühling und Herbst pflegte er auf einige Wochen nach Potsdam berufen zu werden, wie wir aus seinen noch vorhandenen Tagebüchern von den Jahren 1784-1786 in sehr genauen Angaben erfahren. Diese Mufse widmete Fasch den ernstesten musikalischen Studien und dem Unterricht seiner Schüler. Reichardt hatte im Jahre 1778 aus Italien eine sechszehnstimmige Messe von Benevoli mitgebracht, von welcher Fasch sich in einer besondern Weise angezogen und zu Arbeiten im mehrchörigen Kirchengesang angeregt fühlte. Sie beschäftigten ihn hauptsächlich nach dem Tode des grofsen Königs in den Jahren 1786-1790, in welchen er neben denselben an dem Unterricht talentvoller Schüler eine besondere Freude, nebenher auch ein Mittel zu leichterem Lebensunterhalt fand. In dem erwähnten Tagebuche finden wir die Namen derselben verzeichnet. Die bedeutendsten unter ihnen sind der Lieutenant v. Bülow (der Held von Dennewitz), Uhden (der nachmalige Staatsrath), Zelter, Jordan und mehrere andere der nachmaligen Mitglieder der Akademie. Vom Jahre 1787 an erscheinen auch Damen in der Liste der Schüler, namentlich eine Demoiselle Dietrich und Demoiselle Milow, erstere die Stieftochter, letztere dte Tochter des Geheimen Raths Milow, beide von ungewöhnlicher Bildung und vorzüglichem musikalischen Talent.

Es war natürlich, dafs Fasch diese Schüler an seinen eigenen Werken zu üben versuchte; doch konnte es anfänglich nur mit den Solosätzen geschehen, und die vielstimmigen Chöre schienen dazu nicht geeignet. Ein Versuch, diese Chöre mit dem Theater-Personal und dem der Berliner Singechöre (jetzt Stadt-Chöre, Schüler), zur Ausführung zu bringen, mifslang vollkommen, wie wir aus der Zelterschen Schrift des Breiteren erfahren. Dies nöthigte Fasch, es mit seinen eigenen Schülern in schwacher Besetzung zu versuchen. Er führte die besten derselben in das Milowsche Haus ein, wo sich befreundete Damen zu den Lehrstunden gesellten. Dieses Haus lag in der Nähe des Spittelmarktes und wie wir aus des letzten noch lebenden Zeugen, aus Jordan's Munde wissen, an der Stelle, die jetzt das Haus Spittelbrücke No. 17 einnimmt. Ein Lusthaus im dahinter liegenden Gärtchen diente während des Sommers 1790 zu diesen Zusammenkünften, die an bestimmten Tagen gehalten wurden und in welchen sich die Zahl der Versammelten bis auf 12, höchstens 16 vermehrte, von welchen, aufser den bereits erwähnten, Demoiselle Pappritz, Demoiselle Schmalz, Demoiselle Nobiling und Madame Bachman, und die Herren Hofrath Zencker, Prediger Messow, Herr Johannes und Herr Sehneyders mit Namen aufgeführt werden. Zelter war noch nicht dabei und Jordan reiste noch im Laufe des Sommers nach Petersburg. Bald ward der Dienstag der festverabredete Wochentag der Versammlung, und weil Fasch mit den im einzelnen dazu wohl vorbereiteten Stimmen gebildeter Dilettanten in der Ausführung erreichte, was ihm ein sonst eingeübter Chor von Musikern nicht hatte leisten können, so regte ihn dies zu neuen Schöpfungen an, die auf den nunmehr klar erkannten Zweck und das kleinere Personal besser berechnet waren, als die sechszehnstimmigen Chöre, deren Bearbeitung deshalb für eine Weile zurückgelegt wurde. So entstanden im ersten Entwurf einige der vierstimmigen figurirten Choräle, die die Akademie noch jetzt als ihr schönstes Wiegengeschenk verehrt, aus welchen sie, wie aus der reinsten Muttermilch, ihre erste Lust, ihre ersten Kräfte gesogen und die Anlage zu einem gesunden und kräftigen Alter gewonnen hat. Mehr auf die Tiefe der Empfindung als auf das künstlerische Vermögen rechnend, aber eine höhere geistige Bildung der Ausführenden voraussetzend, sollten sie das geheime Band eines eigenthümlichen geselligen Organismus werden, wie er in ähnlicher Weise bis dahin schwerlich irgendwo bestanden haben mochte.

Der herannahende Herbst und Winter unterbrach diese Freuden und der Mangel eines anderweitigen schicklichen Ortes gebot, auf einige Monate eine Pause zu machen. Aber mit dem Erscheinen des Frühlings 1791 sehnte sich die kleine Schaar nach ihrer Wiedervereinigung und fand sich gastfrei aufgenommen in der Wohnung der verwittweten Frau General-Chirurgus Voitus, einer älteren Schwester der Pappritz, die schon zuweilen den früheren Versammlungen beigewohnt hatte und der es vorbehalten war, die Liebe und Achtung, die sie schon damals genofs, in einer 47 Jahre stetig fortgesetzten Wirksamkeit für das Beste der Gesellschaft zu einer unerlöschlichen Verehrung und Dankbarkeit zu steigern. In dem Hause, welches jetzt die No. 59 unter den Linden führt, versammelten sich am Dienstag den 24. Mai 1791 die 28 Personen, deren Namen das erste Präsenzbuch aufführt, und seit diesem Tage haben die Versammlungen trotz mancher wiederkehrenden Verlegenheit um ein geeignetes Local, trotz Kriegsnoth und anderm allgemeinen Bedrängnifs ohne Unterbrechung Statt gefunden, und darum betrachten wir diesen Tag als den Tag der eigentlichen Stiftung, wie es auch Fasch gleich Anfangs gethan, nicht blofs, weil sich ein früherer nicht mit Bestimmtheit dafür angeben läfst, sondern weil an diesem unser Verein in der vom Stifter mit klarem Bewufstsein seiner Aufgabe erdachten Form sogleich die ganze Eigenthümlichkeit seines Wesens empfangen hat, dessen Gepräge durch die ganze Reihe der Jahre unverändert dasselbe geblieben ist.

Aus der Zahl der Personen, welche damals die Gesellschaft bildeten, sind dem heutigen Geschlecht nur noch die Damen Voitus, Sebald und Bachmann, und die Herren Hartung, Schulz und Jordan erinnerlich. Demoiselle Schmalz, die bald nach der Stiftung Berlin verliefs und später nicht wieder eintrat, ist die einzige noch lebende aus jener Zeit. Zelter trat erst im Laufe des Sommers hinzu; als die Hauptzierde galt aber sofort seine nachmalige Gattin (*) Julie Pappritz, die, nachdem sie in den früheren Versammlungen nur im Alt gesungen hatte, jetzt zum Sopran überging und in immer steigender Vollkommenheit die Reinheit und Lieblichkeit des Vortrages entwickelte, die sie zu dem unerreicht gebliebenen Vorbild aller unserer Sängerinnen, zu dem eigentlichen Organ der Faschschen Musik und zu dem siegreichen Beispiel ihrer Vortrefflichkeit gemacht hat, was sie denn auch bis zu ihrem, im Jahre 1806 erfolgten frühzeitigen und viel beweinten Tode geblieben ist.

Im Herbste desselben Jahres scheint Fasch zuerst den Entwurf gefasst zu haben, die einzelnen sechszehnstimmigen Compositionen der Messe zu einem Ganzen zu ordnen.

(*) Sie erscheint den 10. Mai 1796 zum ersten Mal als Madame Zelter in der Präsenzliste.

Die bereits fertigen Stücke derselben wurden mit dem nunmehr genügenden Personal zu einer gelungenen Ausführung gebracht. Zur Bezeichnung der 4 selbstständigen Chöre wendete er hier schon die 4 Farben an, nach welchen wir sie noch jetzt unterscheiden.

Die Liste vom October nennt 27 anwesende Mitglieder und hier erscheint auch Zelter zuerst als einziger Tenor im blauen Chor. Aber diese Übungen des vierchörigen Gesanges mufsten bald wieder ausgesetzt werden, als 3 der bedeutendsten Sängerinnen, durch Entfernung von Berlin, ausschieden und Hr. Johannes (der vorzüglichste Bafs) erkrankte und starb. Dies veranlafste Fasch zu der achtstimmigen Composition des 51sten Psalms (*Miserere*) der im Sept. zum ersten Mal in der Marienkirche mit entfernter Stellung der beiden Chöre versucht ward und im Laufe des Jahres 1792 den Hauptgegenstand der Übungen abgab. In dieser Zeit traten die noch jetzt lebenden Damen, Demoiselle Troschel (Frau Superintendentin Pelkmann) und Demoiselle Itzig (Madame Levy) der Gesellschaft bei. Als besonders erfreulich bezeichnet Fasch den Beitritt des berühmten Bassisten Fischer und seiner trefflichen Gattin. Sein nachmals ebenso berühmter, jetzt noch lebender Sohn Joseph sang zu der Zeit als Knabe im Alt mit.

Gegen Ausgang des Sommers 1792 fing Fasch mit denen, die noch zu weit zurück waren, Vorübungen an; sie fanden Sonnabends Statt und Zelter setzte sie dann Montags fort. Im Winter fanden sich auch die übrigen gern dazu ein, und seitdem wurde es Regel, mit der ganzen Gesellschaft am Montag eine Vorübung zu halten, so dafs am Dienstag die Stücke ohne Unterbrechung in einiger Vollendung vorgetragen und dabei hin und wieder Zuhörer zugelassen werden konnten. In demselben Winter erfreute Fasch die Gesellschaft durch die Vollendung der figurirten Choräle, die er in der nöthigen Zahl der Stimmen eigenhändig für die Gesellschaft ausschrieb, wie er dasselbe mit den früheren Compositionen bisher gethan hatte und auch noch fast bis an seinen Tod mit allen seinen Compositionen zu thun, fortfuhr. Unter den im Januar beigetretenen Mitgliedern erscheint Demoiselle Friedel, Jordan's nachmalige Gattin, und am 23. April Demoiselle Constance Blanc, die also unter den jetzt lebenden wirklichen Mitgliedern am längsten (und wir wissen alle, mit welcher erfolgreichen Treue) der Gesellschaft angehört hat. Da nun auch Herr Seidel, der nachmalige Kapellmeister, und die noch jetzt lebende Madame Liebmann nebst noch 5-6 andern tüchtigen Dilettanten beitraten, so konnte wieder an die sechzehnstimmige Messe gedacht werden, die nun 2 Monate lang unablässig studirt ward, um von da an das Musterstück der Akademie zu werden. Gegen Ende des Junius, in welchem Monat Frau Geh. Justizräthin Henneberg (damals Demoiselle Troschel) im Sopran hinzugetreten war, kam eine zweite Aufführung des *Miserere* in der Marienkirche zu Stande, die festlicher gewesen sein mufs als die erste, da ihr mehrere Proben an Ort und Stelle vorangingen. Es werden 37 dabei anwesende und 6 fehlende Mitglieder genannt. Die Zahl Aller war also damals 43. —

Jetzt verliefs Frau Voitus ihre bisherige Wohnung unter den Linden und die Gesellschaft folgte ihr nach der Charlottenstrafse No. 61. Hier wurden das *Miserere* und die sechzehnstimmige Messe ausschliefslich geübt und zu letzter componirte Fasch in der zweiten Hälfte des Juli das *Gratias* hinzu. Ein Anfall von Bluthusten fesselte ihn einige Wochen an das Zimmer und am 30. Juli vertrat Zelter zum ersten Mal seine Stelle am Flügel, die Fasch indessen schon am 13. August wieder einnahm, um eine, während der

Krankheit vollbrachte Umarbeitung des *Quoniam* zu prüfen. Man sieht aus seinen Aufzeichnungen, wie sehr ihn dieses Stück beschäftigt hat, denn er liefs neben dieser neuen Bearbeitung zuweilen auch wieder die ältere ausführen, wie wenn er zweifelhaft gewesen wäre, welche die bessere sei.

Inzwischen war der Raum in der Voitusschen Wohnung für die wachsende Zahl der Mitglieder zu eng geworden und es mufste auf Ermittelung eines geräumigeren Locals ernstlich Bedacht genommen werden. Um ein solches, welches der Würde des Zweckes angemessen sei, zu erlangen, wendete sich Fasch an die Staats-Minister von Herzberg und von Heinitz und erhielt von ihnen die Erlaubnifs zur Benutzung eines Saales in dem Gebäude der Akademie der Künste. Nachdem man am 22. October zur Probe eine Versammlung in demselben gehalten hatte, fand am 29. die letzte Vereinigung bei der Frau Voitus in ungewöhnlich feierlicher Weise Statt, über welche Fasch folgendes niedergeschrieben hat:

„Nach erhaltener Erlaubnifs der Curatoren der beiden Akademien, Sr. Excellenz „von Herzberg und Sr. Excellenz von Heinitz probirten wir den 22. October zum „erstenmal auf dem Saale der Akademie; den 29. October sangen wir zum letzten Male „bei Madame Voitus und dort erwählte ich die ältesten Mitglieder zu Vorstehern der „Gesellschaft, Mad. Voitus, Demoiselle Dietrich, Mad. Sebald, Herrn Geheimerath „Zencker, Herrn Prediger Messow und Herrn Hartung. Die Vorsteherinnen soll- „ten die jungen Damen unter ihren Schutz nehmen und gemeinschaftlich mit den Herren „Vorstehern die Ökonomie der Gesellschaft besorgen, so dafs ich mir blofs die musi- „kalische Direction und was dahin gehört, vorbehielt. Die Vorsteher kamen deshalb „den folgenden Sonntag Vormittag bei Mad. Voitus zusammen und da ward ausgemit- „telt, dafs jedes Mitglied monatlich 12 Groschen zur Bestreitung der Kosten zur Kasse „beitragen sollte. Doch waren von diesem Beitrag ausgenommen alle Musiker von Pro- „fession, denn da diese die Zeit, wo sie sonst durch ihre Kunst Geld verdienten, un- „serer Akademie widmen, so leisten sie durch diesen Verlust ihrer Zeit schon mehr, als „den Werh dieses Beitrages. Herrn Zelter wählte ich deshalb nicht zum Vorsteher, „weil ich ihn vom Anfang zu meinem Assistenten ausersehen hatte und die Folge hat „meine Wahl vollkommen gerechtfertigt.

„Den 5. November wurde demzufolge die Akademie eröffnet und die Vorsteher „der Gesellschaft vorgestellt."

Mit diesem Akt war die Gesellschaft für selbstständig erklärt und hatte in der Benennung „Sing-Akademie" (die hier zum ersten Mal vorkommt) ein äufserliches Zeichen ihrer Persönlichkeit empfangen. Welch ein bedeutender Schritt aber damit und mit ihrer räumlichen Erweiterung geschehen, offenbarte sich sofort aus dem schnellen Wachsthum der Zahl. Als am 5. November die Versammlung zum ersten Mal in der Akademie gehalten und vor der vollständigen Aufführung des 51sten Psalm die Vorstellung der neuen Vorsteher erfolgt war, zählte die Gesellschaft noch nicht 50 Mitglieder, von welchen 35 anwesend waren und im folgenden Jahre nennt das Verzeichnifs bereits 66, nehmlich 24 Sopran-, 15 Alt-, 11 Tenor- und 16 Bafs-Stimmen, von welchen freilich Viele auch noch in demselben Jahr wieder ausschieden. Unter den Ankömmlingen sind zu bemerken: Ludwig Hellwig (am 3. December 1793, im Tenor eingeschrieben), Loos Vater und Sohn,

Graf Brühl, Candidat Wilmsen, Candidat Marót und Staatsräthin Karsten. Auch der Kapellmeister Reichardt kam zu dieser Zeit in Berlin an und interessirte sich lebhaft für das Gedeihen der aufblühenden Anstalt, in welcher er zu Zeiten ein Tenor-Solo übernahm und für die er nun auch anfing, zu schreiben. In dieser Zeit begann er seinen nachmals berühmt gewordenen Morgengesang, der anderthalb Jahr später zur ersten Ausführung gelangte. — Die Vortheile einer gröſseren Geräumigkeit muſsten indessen auch mit mancher Unbequemlichkeit bezahlt werden. So fehlte es z. B. in dem hohen und weiten Gemach an einem Ofen und es verging eine geraume Zeit, ehe nur eine Stelle für die Anbringung eines solchen in der mindest feuergefährlichen und den Raum zu anderweitigen Zwecken am wenigsten beengenden Stelle gefunden werden konnte. So groſs war aber der Eifer der Mitglieder und die Freude an diesen Übungen, daſs sie der Kälte und Nässe nicht achteten und die Versammlungen deshalb nicht minder zahlreich besuchten. Zelter pflegte mit ungewöhnlicher Rührung eines Vorganges zu erwähnen, der dies am besten beweist. An einem besonders kalten und stürmischen Novembertage erstarrten den Damen Hände und Füſse, nicht bloſs zum vorübergehenden Schmerz, sondern zu naher Besorgniſs heftiger Erkältung und Heiserkeit. Da kam Eine auf den Gedanken, sich knieend niederzulassen und die Füſse mit Mantel und Muff zu bedecken. Bald folgten die andern dem Beispiel, und so sang die Versammlung knieend das *Christe eleison* aus der 16 stimmigen Messe. Freilich ward diese Unbequemlichkeit bald gehoben, aber die freie Lage des Vorsaals und seine Höhe lieſsen es selten zu einer ordentlichen Durchwärmung kommen.

Während dieses Winters beschäftigte sich die Gesellschaft zuerst auch mit Compositionen von andern Meistern, namentlich hatte Fasch wahrscheinlich zur Vergleichung mit seinem eigenen Werk die Kirnbergersche Composition des 51sten Psalms ausgeschrieben, die eine Zeit lang fleiſsig geübt ward, dann aber bald ganz in Vergessenheit gerathen ist. In diese Zeit fallen auch die ersten Versuche, Joh. Sebast. Bach's Mottetten auszuführen; doch konnte sich, da fremde Copisten noch nicht mit in Thätigkeit genommen wurden, das Repertorium nur sehr allmählig erweitern.

Im Frühling des Jahres 1794 fühlte sich die Akademie endlich gerüstet, in einiger Öffentlichkeit aufzutreten. Am 8. April fand zum ersten Mal ein sogenanntes Auditorium Statt, bei welchem der Prinz Louis Ferdinand und mehrere vornehme Personen vom Hof gegenwärtig waren. Die ebenfalls anwesenden Curatoren der Akademie pflegten überhaupt dann und wann in den Versammlungen zu erscheinen. In dieser Zeit und den nächsten Sommermonaten entstanden die nachher unter dem Namen *Mendelssohniana* zu einem Ganzen vereinigten sechs Versetts, welche für dieses Jahr den Hauptgegenstand der Übungen abgaben. Neben ihnen ist öfter die Rede von Veränderungen, welche Fasch mit einzelnen Sätzen aus dem *Miserere* vorgenommen und von der Gesellschaft hatte ausführen lassen.

Im Juli brachte Hellwig einmal den später für die Gesellschaft so bedeutenden Tenorsänger Grell mit, ohne vorher angefragt zu haben, was von Fasch miſsfällig im Buche bemerkt wird. Doch findet sich Grell's Name, gleich von dieser Zeit an, in der Liste der Mitglieder und gewiſs ist auch er ein unerreichtes Vorbild der von Fasch geforderten eigenthümlichen Vortragsweise geblieben.

Die im Herbst desselben Jahres stattfindende (erste) Gemälde-Ausstellung nöthigte die Gesellschaft, ihre Versammlungen entweder einzustellen, oder abermals zu verlegen. Sie kehrte noch einmal auf 6 Wochen (vom 23. September bis 10. November) in die Wohnung der Frau Voitus zurück, was Viele, die in dieser Zeit aufgenommen sind, in der Erinnerung irre gemacht hat, als wären sie schon v o r dem ersten Umzuge Mitglieder der Akademie gewesen. Abermals verherrlichte ein Auditorium in Gegenwart der Minister die erste Wiederversammlung in der Akademie. Das Ende dieses Jahres brachte dem Repertorium das *Magnificat* von D u r a n t e und einige Versetts aus der nachher mit dem Namen *Davidiana* belegten Sammlung von F a s c h. Am Schlusse des Jahres weist das Verzeichnifs 63 Mitglieder nach. Die Zahl der neu beigetretenen war in diesem Jahre 29 gewesen; aber fast eben so viel hatten die Gesellschaft verlassen.

Das Jahr 1795 wird besonders durch die Fortsetzung und Vollendung der eben erwähnten Sammlung *Davidiana* merkwürdig. Fast in jedem Monat bringt F a s c h der Gesellschaft ein neues Versett, im Juni erscheinen diese zuerst nach Nummern geordnet und tragen damals noch den Titel des 119ten Psalms. Die erste vollständige Aufführung findet am 1. December statt. Die Vortrefflichkeit dieses Werkes und der gleichzeitig entstandenen, unter welchen vorzüglich die 6 letzten Choräle zu erwähnen sind, demnächst die Vollendung, mit welcher sie unter der Leitung des Meisters ausgeführt wurden, hatten den Erfolg, die Aufmerksamkeit der Welt, namentlich des Berliner Publikums von dieser Zeit an, in ganz besonderer Weise auf unser Institut zu lenken. Durch Reisende, die bei einem Aufenthalt in Berlin die Akademie zu besuchen nicht leicht verfehlten, gelangte die Kunde davon um so mehr in alle deutsche Länder, als unter ihnen viele Gelehrte, Dichter und Künstler waren, auf welche die, von aller damals üblichen Musik so sehr abweichende Art des Gesanges einen lebhaften Eindruck hervorbrachte. Da F a s c h nie versäumte, in dem Tagebuche bei jeder Versammlung die Namen der anwesenden Fremden zu erwähnen, ja von jetzt an sogar eigene Bücher für ihre Namenverzeichnisse anlegte, so wären wir im Stande, die Wege, auf welchen sich der Ruhm der Akademie damals so schnell in das Ausland verbreitete, ziemlich genau nachzuweisen. Nur einer mag hier genannt sein: der Kapellmeister N a u m a n n von Dresden, den H i m m e l am 19. Mai einführte, denn seine Lebensbeschreibung (Dresden 1841) erwähnt dieses Besuchs und überhaupt einer Reise nach Berlin im Jahre 1795 gar nicht. Erst von dem späteren im Jahre 1796 ist dort die Rede.

Im September wird abermals die Gemälde-Ausstellung störend und die Wohnung der Frau V o i t u s ist nunmehr zu klein. Die Akademie versammelt sich vom 22. September bis 10. November deshalb bei Herrn R e l l s t a b, der auch einige Mal, während F a s c h kränkelte, am Flügel accompagnirte, weil Z e l t e r durch den Tod seiner (ersten) Frau verhindert war. Hier beschäftigen sich die Übungen zum ersten Mal und fast ausschliefslich mit H ä n d e l's *Judas Maccabaeus*, dessen Chöre einmal vollständig zur Ausführung kommen.

Nach der Rückkehr in das Akademie-Gebäude stellt sich in den Tagebüchern ein befremdliches Beginnen dar. Man will mit der Gesangübung Redeübungen verbinden und der Minister v o n Heinitz gewährt dazu seine Genehmigung. Ein gewisser Dr. Melzer scheint dazu Veranlassung gegeben zu haben, denn zum 19. Januar 1796 schreibt F a s c h:

„Heute wurde das Collegium declamatorium von Hrn. Dr. Melzer eröffnet," zum 9. Februar: „es sei heute damit ausgesetzt" und zum 8. März: „Hr. Dr. Melzer habe heut sein „Collegium geendigt." Die Gedichte von Klopstock, Zollikofer und Langbein, die er declamirte, werden namentlich aufgeführt.

Am Ende des Jahres 1795 war die Zahl der Personen, welche während desselben Theil genommen hatten, auf 84 gestiegen: 51 Damen und 33 Herren.

In den ersten 4 Monaten des Jahres 1796 erlitt Fasch die ersten heftigen Anfälle von der Krankheit, die 4 Jahre später seinem Leben ein Ende machte. Er erschien nach wiederholten Anfällen von Bluthusten zum ersten Mal wieder in der Versammlung am 17. Mai. Die Präsenzlisten aus dieser Zeit sind von Zelter's Hand geschrieben, doch von Fasch mit mancherlei Bemerkungen nach den ihm zugekommenen mündlichen Berichten begleitet. Gegen Ostern kommen zum ersten Mal Chöre aus der Graun'schen Passion vor, und eine Aufführung mit Instrumenten vor einer kleinen Zahl von Zuhörern findet am 12. April Statt. Die drei letzten Arien und das Duett werden weggelassen. Nachdem ein *Magnificat* von Vierling, eine Umarbeitung des *Kyrie* aus der Fasch'schen Messe, der 111te Psalm von Naumann und die *Davidiana* in der ersten Hälfte des Sommers hauptsächlich zur Übung gedient haben, ist ein Besuch von Beethoven am 21. Juni das merkwürdigste Ereignis. Es wurden ihm ein Choral, die 3 ersten Nummern der Messe und die 6 ersten aus dem 119ten Psalm vorgesungen. Hierauf setzte er sich an den Flügel und spielte eine Phantasie über das letzte Fugenthema: „Meine Zunge rühmt im Wett-Gesang dein Lob." Die letzten Nummern der *Davidiana* machen den Beschluß. Keiner von Beethoven's Biographen hat dieses Besuches, oder auch nur eines Aufenthaltes in Berlin erwähnt. Auch spricht Fasch davon ohne weitere Bezeichnung. Das Spiel muß aber gefallen haben, denn Beethoven wiederholt es in der nächsten Versammlung am 28. Auf ähnliche Weise erfreut ein Besuch des Kapellmeisters Sterkel von Mainz und der Signora Marchetti, beide im September. Später, nämlich im November, erschien der Kapellmeister Schulz von Copenhagen, dessen Hymne bei dieser Gelegenheit zum ersten Mal ausgeführt wurde. Gleichzeitig wurde ein 16 stimmiges *Kyrie* von Cannicciani und das *Miserere* von Leonardo Leo in Stimmen ausgeschrieben und vielfältig geübt. Das Versett: „*Cor mundum crea*" findet sich fast in jeder Versammlung erwähnt.

Beim Schluß dieses Jahres ist nur noch zu erwähnen, wie im November die neue Einrichtung zu Stande kommt, daß die Damen zur Winterzeit in Wagen abgeholt werden. Die Zahl der Mitglieder ist am Ende des Jahres 97. 41 Sopran-, 19 Alt-, 20 Tenor- und 17 Baßstimmen.

Das Jahr 1797 beginnt mit einer Trauerfeierlichkeit zum Gedächtnis des eben verstorbenen Prinzen Louis, zu welcher Fasch sein Trauer-Motett componirt hat. Es wird in Verbindung mit seinem *Miserere* wiederholt aufgeführt; ja, das inzwischen erfolgende Ableben der verwittweten Königin macht sogar die Fortsetzung dieser Trauermusiken bis zum Anfang des Februars nöthig. Am 28. Februar wird der Kapellmeister Naumann wieder unter den Zuhörern genannt und ihm sein 111te Psalm nebst einigen Stükken aus der 16 stimmigen Messe gesungen. Da Fasch bemerkt, Hr. Zelter habe an diesem Tage seine Stelle vertreten, so hat wahrscheinlich erst bei dem, 14 Tage nachher notirten zweiten Besuche die Scene Statt gefunden, von welcher in Naumann's Lebensbe-

b*

schreibung S. 328 so ausführlich erzählt wird. An demselben wiederholte sich, was schon in den Tagebüchern des vorigen Jahres zuweilen erwähnt wird, daſs nämlich die Gräflich Finkensteinsche Familie, die, weil sie sich immer nur vorübergehend in Berlin aufhielt, nicht zu den wirklichen Mitgliedern der Akademie gehörte, dreistimmige Sätze von Reichardt's Composition allein vor der Versammlung ausführte.

Gegen die Passionszeit wird wieder der Tod Jesu von Graun geübt. Daneben und später das *Miserere*, die *Davidiana* und die Hymne von Schulz, die im Junius sogar, nach mehreren Proben, mit Begleitung des Orchesters (doch ohne Posaunen) zu neuer Ausführung gelangt. Im April wird die Akademie der Wissenschaften um die Erlaubniſs ersucht, während der Sommerzeit ihren grofsen Vorsaal zu den Versammlungen der Sing-Akademie benutzen zu dürfen und ertheilt die Genehmigung, die dann 20 Jahre in Kraft geblieben ist. Die Curatoren und Mitglieder beider Akademien erscheinen seitdem oft in den Zuhörerlisten; auch berühmte Namen aus der Fremde, wie Johann Heinrich Vofs, Fefsler, Frau v. d. Recke u. s. w. Endlich überrascht am 26. September der Kronprinz, nachmals König Friedrich Wilhelm III. mit seiner Gemahlin die Akademie in Fasch's Abwesenheit und hört den ersten Choral singen.

Am 16. November erfolgte das Ableben Königs Friedrich Wilhelm II, weshalb die Akademie ihre Versammlungen aussetzte, dann aber am 28. vor einem glänzenden Auditorium mit einem neuen Trauer-Motett von Fasch (seinem *Requiem*) wieder eröffnete. An demselben Abend folgte das *Miserere*, in welchem Madame Schick das Sopran-Solo sang, weil Mad. Zelter verhindert war. Am 12. December erscheint ein Herr Dietenhöfer mit einem Canon und einer Fuge von seiner Composition, die man vom Blatt singt; es wird ihrer nachher nicht weiter erwähnt.

Das Jahr 1798 bringt am 6. Februar den ersten Besuch des Fürsten Radziwill, von welchem Fasch besonders erfreut gewesen zu sein scheint, da er (was sonst nie geschieht) anführt, der Prinz sei sehr zufrieden gewesen.

Die Tagebücher der damaligen Zeit erwähnen oft der neuen Veränderungen, welche Fasch mit den einzelnen Sätzen seiner Compositionen vornahm und in der Akademie versuchte. So scheint dies die Zeit, in welcher er allen seinen Werken die letzte Feile gab, um sie nun für vollendet erklären zu können. Da sie während des ganzen Sommers fortdauernd geübt wurden und neben ihnen nur der Reichardtsche Morgengesang unter der Leitung des Componisten eine ähnliche Sorgfalt erfuhr, so mag ihre Ausführung dadurch eine grofse Vollendung erlangt haben, denn es scheint, als ob sie die Aufmerksamkeit des Publikums und der Fremden damals in einem so hohen Grade auf sich gezogen, wie es vielleicht in der späteren Zeit nie wieder der Fall gewesen ist. Die sogenannten Auditorien werden häufiger und wie sich aus den Namen so vieler fürstlichen Personen schliefsen läfst, glänzender als bisher. Die Listen der anwesenden Zuhörer nennen zuweilen bis 80 Namen und alle Fremde von Auszeichnung, die Berlin durchreisen, kommen einmal als Zuhörer bei diesen Auditorien oder den gewöhnlichen Versammlungen vor; ein Erfolg, an welchem der Kunstsinn des Prinzen Radziwill und sein bei Hof viel geltendes Urtheil nicht ohne Antheil geblieben sein mag. Leider zeugen die Tagebücher von der schon damals stets zunehmenden Schwäche des Meisters. Sie sind von Zelter's Hand geschrieben und von Fasch mit Bemerkungen über seine Krankheitszustände in rother Dinte begleitet. Die Zahl der Mitglieder nimmt in dieser Zeit eher ab, als zu, da der wechselnde Aufenthalt eben soviel von Berlin entfernt, als er neue herbeiführt. Doch ist vielleicht eben aus dem engeren Zusammenhalten einer kleinen, völlig eingeübten Schaar die ausgezeichnete Wirkung zu erklären, welche die Gesellschaft in dieser Zeit ihrer Geschichte erreicht zu haben scheint.

Zu Anfang des Jahres 1799 sehen wir die Akademie mit den Vorbereitungen zu einem Fest beschäftigt, das am 24. Januar, dem Geburtstage Friedrichs des Grofsen zur Ausführung kommt. Es gilt der Wiederherstellung der Akademie der Wissenschaften, zu deren Feier der Kapellmeister Reichardt eine Ode in Musik gesetzt hat, auf welche seine Trauercantate auf den Tod des grofsen Königs folgt. Von dieser aufserordentlichen Versammlung hat Fasch eine eigene, am Ende des Jahrganges beigefügte Präsenzliste aufgenommen. Sie zählt 39 Soprane, 20 Altstimmen, 17 Tenöre und 18 Bassisten, zusammen 94 Personen, nur 2 werden als abwesend genannt.

Aufser den oft erwähnten Werken von Fasch, die nun schon anfingen, jedes Jahr regelmäfsig in bestimmter Jahreszeit zur Übung zu kommen, wurden in diesem Jahre der Naumannsche Psalm, die Graunsche Passion, das *Magnificat* von Durante und ein *Miserere* vom Abt Vogler, am häufigsten aber der Reichardtsche Morgengesang in den Sommermonaten wiederholt. Unter den Fremden, die bei den festlichen Auditorien gegenwärtig waren, finden wir die Namen Chladni, Wölfl, Tiedge und Wackenröder. Der französische Gesandte Abbé Sièyes und der amerikanische (nachmalige Präsident) Adam, so wie der Justizrath Hufeland und Frau aus Jena, gehören ebenfalls zu den ausgezeichneteren Gästen. Im Herbst erscheinen Gern, Beschort und Lauska zuerst in den Versammlungen und werden bald des Institutes kräftige Stützen. In den Anzeichnungen zum 10. September wird zuerst einer Conferenz der Vorsteher erwähnt; leider aber nimmt gegen den Winter Fasch's Krankheit auf eine bedenkliche Weise zu und hindert ihn, viele Wochen hintereinander, in den Versammlungen gegenwärtig zu sein.

Mit dem Anfang des Jahres 1800 fängt eine neue Form der Präsenzlisten an, indem die Anwesenheit oder Abwesenheit der Mitglieder durch einfache, der Gesammtliste tabellarisch beigefügte Zeichen zu jedem Namen vermerkt wird. Aus diesen Tabellen sind nun von jetzt an die Namen der Anwesenden jedesmal in ein eigenes Buch in Quartformat reinlich übertragen, in welchem dann auch zu jeder Versammlung die Übungsstücke genannt und die Bemerkungen über ihr Gelingen meist sehr ausführlich in einer eigenen breiten Spalte hinzugefügt sind, eine Einrichtung, die durch die jetzt sehr schnell wachsende Zahl der Mitglieder hervorgerufen zu sein scheint und nunmehr ein viel vollständigeres Material für die Geschichte der Sing-Akademie darbietet. Für die ersten 6 Monate des Jahres 1800 sind beide Listen noch von Fasch's Hand geschrieben. Diese Handschrift erscheint zuletzt am 15. Juli, nachdem er schon seit dem 3. Juni nicht mehr in der Versammlung gegenwärtig gewesen war und zu der Liste vom 10. Juni die Worte beigefügt hatte: „Ich war am convulsivischen Stickhusten in der größten Lebensgefahr zu Hause." Wiederholte Anfälle dieses Übels zehrten an den letzten Resten seiner Kraft. Unter welchen Umständen diese Abnahme allmählig seinen Tod herbeiführte, hat Zelter in seiner Schrift über Fasch auf eine Weise geschildert, die jeden Versuch, hier darüber noch etwas zu berichten, ausschliefst. Er starb am Sonntag den 3. August. Am folgenden Tage schreibt Zelter in das Tagebuch der Sing-Akademie:

„Gestern ist der rechtschaffene Fasch Nachmittags um halb vier Uhr gestorben, und „von hier an werde ich, sein Freund und Schüler, dieses Buch und die Sing-Akade-
„mie fortsetzen.'

Berlin den 4. August 1800. *Zelter.*

„*Quid sum miser nunc dicturus!"*

In die Präsenzliste für die Monate Mai, Juni und Juli, welche bis zum 29. Juli von Fasch auf die oben angedeutete Weise vollständig ausgefüllt ist, hat er folgendes geschrieben:

„Beim Beschlufs dieses Buches, worin Herr Fasch alle dermaligen Mitglieder der „Sing-Akademie eigenhändig aufgeschrieben hat, erfolgte zugleich am 3. August dieses „Jahres das Ableben dieses frommen, frohen, geselligen, einfachen, duldsamen, beschei-
„denen, zarten und grofsen Künstlers, dessen Leben und Werke das Siegel des Schö-
„nen und Guten zugleich sind und sein werden, so lange die Tugend erkannt wird."

Zelter.

Über die auf das traurige Ereignifs folgende Versammlung ist folgendes angemerkt: „Dienstag den 5. August."

„Es war die erste Akademie nach dem Tode des edlen Stifters. 53 Personen „von 137 sangen mit Thränen und gerührtem Herzen die oben verzeichneten Stücke „(nemlich den 11ten Choral von Fasch und das *Requiem* von Fasch). „Ich machte „der Gesellschaft das letzte Lebewohl des Seligen bekannt, welches wörtlich hier „folgt:

„Es wird wohl Niemandem von uns mehr unbekannt sein, dafs unser recht-
„schaffene Freund und Stifter vorigen Sonntag Nachmittags um halb vier Uhr sein „schönes fruchtbares Leben sanft geendet hat; allein ich habe den offiziellen Auftrag „von ihm, seinen Tod unter uns bekannt zu machen und Ihnen allen sein letztes Le-
„bewohl zu sagen. Er läfst Jedem von Ihnen besonders aufs Innigste danken, für „die vielen Beweise aller ihm erzeigten Achtung und Liebe, deren Gefühl sein Herz „bis zur letzten Stunde fröhlich erhalten hat. Er versichert Sie alle seiner unbeding-
„ten Zufriedenheit, die er mit in jene Welt genommen und hofft von Ihrem Wohl-
„wollen gegen ihn, dafs Sie sein Andenken mit der gewohnten Einigkeit ehren wer-
„den, die der einzige und höchste Zweck aller Kunst ist."

Zelter.

Über die am 7. August erfolgte Bestattung ist in unsern Büchern Nichts vermerkt. Zelter berichtet davon ausführlich (Seite 34 - 40), nur hat er nicht angeführt, dafs er auf dem Hallischen Kirchhofe begraben worden. So ist auch nachträglich zu Seite 55 zu be-
merken, dafs seinem Wunsch, in Betreff eines einfachen Denkmals auf seinem Grabe 38 Jahr später noch genügt worden ist. In ähnlicher Weise mögen die folgenden Auszüge nur als Ergänzung zu der Zelterschen Schrift gelten, die zu jener Zeit mit Recht als ein Meisterstück in ihrer Gattung betrachtet worden ist und insofern sie die edelsten Zeit-

genossen mehr, als es bis dahin seine musikalischen Compositionen vermocht hatten, auf
ihren Verfasser lenkte, einen entschiedenen Abschnitt in dessen Lebensbahn bezeichnet.

Zum 19. August findet sich folgendes verzeichnet:

„Die Graunsche Arie: „Auferstehn wirst du," welche zu singen Herr
„Fasch in seiner letzten Stunde verordnet hatte, ward zu seinem Andenken mit allen
„5 Strophen gesungen (sie war auch beim Begräbnifs gesungen)."

„Ich machte den Herren Vorstehern: Prof. Hartung und Geh. Rath Zencker
„den Wunsch des Herrn Fasch bekannt, zum Besten des Berliner Bürger-Rettungs-
„Institutes eine Musik in der Garnisonkirche aufzuführen. Es ward beschlossen, das
„*Requiem* von Mozart zu geben und bei dem Minister v. d. Recke Excellenz, als
„Curator des B. R. Instituts um die Erlaubnifs anzusuchen."

Dieser Beschlufs der Vorsteher veranlafste dann eine Reihe von Mühwaltungen,
in deren Folge wiederholte Versammlungen der Vorsteher Statt fanden und zwar die erste
derselben am 26. August. Es ist überhaupt die erste, von welcher etwas niedergeschrieben
ist. Denn Fasch bemerkt wohl hin und wieder, er habe sich heut mit den Vorstehern
berathen, aber er schreibt weder, was der Gegenstand gewesen, noch zu welchem Beschlufs
man gelangt sei. Sein Regiment war durchaus patriarchalisch, seine Einsicht in die einfachen Verhältnisse so klar und die Achtung vor derselben so grofs, dafs die Vorsteher
ihr Geschäft und ihr Verdienst mehr darin gesetzt zu haben scheinen, die Vollbringer seines edlen Willens zu sein, als auf denselben einen Einflufs auszuüben. Zelter's Stellung,
indem er nach Bestimmung des Stifters die musikalische Leitung der Sing-Akademie übernahm, war schon eine weniger freie; denn sowohl dem Alter, als den allgemeinen Befug-
nissen nach, stand er mit den Vorstehern auf gleicher Stufe und hatte nach dem Sinn
ihrer Einsetzung ihre Stimme in den Verwaltungs-Angelegenheiten zu achten.

So wird denn sogleich diese erste Conferenz, die in der Wohnung des Geh. Rath
Zencker Statt fand, durch mehrere, auf das jetzt eintretende collegialische Verhältnifs
sich beziehende Verhandlungen, interessant. Herr Zencker zeigt den Bestand der von
ihm geführten Kasse an, auf den Betrag von 404 Thalern; die älteste Notiz, die sich über
unsere Geldangelegenheiten vorfindet. Ein dritter Vorsteher (der zweite war Hr. Prof.
Hartung) wird in der Person des Assessor (nachmaligen Kriegsraths) Schulz gewählt;
Dem. Dietrich wird mit dem Departement der Vertheilung der Einlafskarten belastet;
die Vorsteher vertheilen unter sich die Geschäfte für die beabsichtigte Aufführung und
machen sich anheischig, dafs in jeder Versammlung wenigstens einer von ihnen anwesend sei.

Nun wird auch sofort mit der Einübung des eben damals in gedruckter Partitur
erschienenen Mozartschen *Requiem* vorgeschritten und das Unternehmen durch den Eifer der Mitglieder, deren selten weniger als 70 versammelt waren, trefflich unterstützt.
Nur tritt eine abermalige Gemälde-Ausstellung in den Sälen der Akademie störend dazwi-
schen; doch hilft die Bereitwilligkeit der Mad. Wegely, die Gesellschaft in ihre Wohnung (Leipzigerstrafse 39) aufzunehmen, der Verlegenheit einigermafsen ab. Dort versammelt sich die Gesellschaft zweimal und hält die erste Probe mit kleinem Orchester den
23. September in der sogenannten Gyps-Klasse der Kunst-Akademie, im Erdgeschofs nach
der Stallstrafse hinaus. Die Posaunen erregen dem Director Verdrufs, da sie nicht stim-

men. Sie müssen aufhören und versprechen, die Stimmen zu Hause zu üben. Acht Tage später ist eine gröfsere Probe, schon in der Garnisonkirche; die Posaunen gehen schon etwas besser, doch noch sehr unrein und die Bassethörner fehlen ganz, weil Herr T a u s c h sein Quartier verändert. Endlich ist am 7. October die Generalprobe, wo schon Alles erträglich geht und die Streich-Instrumente vollkommen ihre Schuldigkeit thun, nur finden zuhörende Kenner das Orchester zu schwach und in den Singstimmen entdecken sich noch viele Fehler. Über die Ausführung lasse ich nun wieder Z e l t e r's eigene Worte folgen:

„Feierliche Aufführung des *Requiem* in der Garnisonkirche."

„Mittwoch den 8. October."

„Die Musik nahm mit dem Schlage halb vier Uhr ihren Anfang. Herr Organist „K a u f f m a n n eröffnete die Feierlichkeit, angeordnetermafsen mit einer zu diesem „Endzweck von ihm componirten Phantasie, der die H ä n d e l sche Orgelfuge aus dem „Fis-moll folgte.

„Die Instrumental-Musik bestand aus 12 Violinen, die von Herrn C l e m e n s „angeführt wurden, 4 Bratschen, 4 Violoncellen und 4 Contrebässen, 2 Bassethörnern, „2 Fagotten, 2 Trompeten, 3 Posaunen und Pauken. Herr F i s c h e r, Mad. F i s c h e r, „Herr H u r k a, Herr L e h m a n n, Herr S c h u h m a c h e r, Dem. N i c o l a i, Dem. B l a n k, „Mad. J o r d a n, Mad. B e r g l i n g und Dem. V o i t u s sangen die Soloparthien. Die „Aufführung gelang ohne Fehler. Die Tempi waren gut getroffen, doch die Instru-„mentalmusik war wieder zu schwach. Die grofse Kirche war, was man voll nennen „kann. Und nun, ruhe wohl! edelster der Menschen! Dein Geist ruhe auf mir. „Deine Kunst vermag ich nicht zu erreichen, aber Deine Liebe soll mir bis in mein „Grab folgen."

Den wohlthuenden Eindruck dieser Schlufsworte mag ich nicht stören durch die Aufnahme der gleich darauf folgenden Specification der Unkosten, die das Orchester verursacht hatte, doch verdient sie Beachtung für einen Vergleich mit der Gegenwart. Nachdem denn die Akademie mit dieser Aufführung die Exequien ihres Stifters beschlossen hat, bringt sein Geburtstag, der 18. November, noch einmal eine lebhafte Erinnerung an ihn. Es wird die 16 stimmige Messe gesungen und die Vorsteher versammeln sich Abends im Englischen Hause zu einem stillen Gedächtnifsmahle.

Inzwischen war schon vorher der Abt Vogler in Berlin angekommen, dessen *Miserere* bei dieser Gelegenheit mehrmals zur Ausführung gelangte und einmal (am 21. October) sogar von ihm selbst, mit Veränderung einiger Tempi, dirigirt wird. An demselben Tage wird zum ersten Mal das achtstimmige *Crucifixus* von Ant. Lotti ausgeführt, das von da an jederzeit eine so ausgezeichnete Wirkung hervorgebracht hat. In diese Zeit fällt auch die Composition der Z e l t e r schen Choräle, von denen die 3 ersten in den letzten 2 Monaten des Jahres die ausschliefslichen Begleiter der 16 stimmigen Messe sind.

Nicht mit Unrecht redet Z e l t e r beim Schlufs der Versammlung am 30. December, indem er sie als die letzte des alten Jahrhunderts bezeichnet, mit einigem Nachdruck von der Wichtigkeit des Zeitabschnitts. Ein neues Jahrhundert beginnt, die Welt fühlt das Nahen erschütternder Begebenheiten; in Allem, was den Geist beschäftigt, regt sich Fortschritt in ungewohntem Drängen. Auch die Kunst wird davon berührt und dem stillen Verein, dessen Aufgabe mehr die Erhaltung des Bestehenden in der Kunst, als die Öff-

nung neuer Bahnen, wird mit dem Tode seines Stifters die Bestimmung, seine Volljährig-
keit zu bewähren, im deutschen Vaterlande durch sein Beispiel ein edleres geselliges Kunst-
streben zu wecken und sich sein Bestehen unter dem Drange widriger Verhältnisse durch
beharrliches Festhalten an seinem Beruf, zu erkämpfen.

Die Zeit, welche mit dem neuen Jahrhundert beginnt und deren Verlauf sich für
unsere Anstalt noch in mehrere, bestimmt genug geordnete Zeitabschnitte zerfällen liese,
wird, wie im Eingang erwähnt ist, eben nur nach ihren Hauptmomenten berührt werden dürfen, ohne dafs dabei eine so streng chronologische Ordnung beobachtet zu werden braucht. Es wird vielmehr zweckmäfsig sein, die Begebenheiten nach den einzelnen
Beziehungen zu ordnen, in welchen sie zu den Angelegenheiten der Akademie stehen. So
giebt z. B. die gleich im Frühling des Jahres 1801, wegen einer baulichen Reparatur des
Akademie-Gebäudes erfolgende Verlegung der Versammlungen nach der Petri-Kirche, Gelegenheit von dem öfteren

Wechseln des Versammlungs - Ortes

zu reden, das sich die Gesellschaft hat müssen gefallen lassen, bis sie zu einem eigenen
Wohnsitz gelangte.

Nachdem der Ober-Consistorial-Rath Teller die Erlaubnifs dazu ertheilt hatte,
versammelte sich die Akademie zum ersten Mal den 7. April in dieser Kirche und versuchte dort den Gesang unter Begleitung der Orgel, was indessen, wegen des Wiederhallens,
nicht vollkommen gelang. Nichts desto weniger wurden die Zusammenkünfte 30 Wochen
lang, bis zum 20. October, darin fortgesetzt, nachdem in mancherlei Versuchen eine bessere Aufstellung ermittelt und statt der Orgel der Flügel zur Stelle geschafft worden war.
Am 27. October ward die Rückkehr in das Akademie-Gebäude durch die Aufstellung der
von Schadow angefertigten Marmorbüste des verewigten Fasch gefeiert, bei welcher
Gelegenheit Zelter eine Rede zum Lobe des Stifters vorlas, in welcher er zugleich den
Werth und Zweck der von ihm angeordneten Singeübungen auseinandersetzte. Nun blieb
die Akademie 17 Jahre in dem ungetrübten Besitz dieses Locals; als aber im Jahre 1818
der Umbau des Akademie-Gebäudes erfolgte, mufste sie sich gefallen lassen, zuerst für
eine kurze Zeit, ein Paar leere Räume zu ebener Erde an der Universitäts-Strafse, dann
die sehr unfreundlichen Zimmer über den Stallungen der Garde du Corps an der Charlottenstrafse einzunehmen, wo sie unter grofsen Unbequemlichkeiten den ganzen Herbst
und einen Theil des Winters blieb. Nur mit Widerstreben konnte man das einmal ge-
wonnene Recht auf eine Verbindung mit der Akademie aufgeben und liefs sich deshalb
auch noch eine abermalige Verlegung in die inzwischen fertig gewordenen oberen Säle
des linken Flügels gefallen (Dec. 1818), wie unbequem auch dieser Zugang durch einen im
Bau begriffenen Theil und auf einer engen Treppe erscheinen mufste. Doch auch diese
Säle waren bald der Kunst-Akademie nicht länger entbehrlich, und da inzwischen der
Umbau soweit vorgerückt war, dafs die Räume im rechten Flügel bezogen werden konn-

ten, war man. glücklich genug, in diese, wenn auch nur einstweilen, aufgenommen zu werden (Sept. 1820). Aber freilich waren sie auf eine ungünstige Weise verändert, durch einen angelegten Corridor verengt und mit einer hohen gewölbten Decke, in welcher sich der Schall verwirrte, für musikalische Ausführungen unbrauchbar gemacht. Da überdies die öfteren Gemälde-Ausstellungen, die feierlichen öffentlichen Sitzungen der Akademie und andere Veranlassungen die Regelmäfsigkeit der Versammlungen oft unterbrachen, so sah sich die Sing-Akademie endlich im Jahre 1820 genöthigt, den schon oft angeregten Entwürfen, für die Erbauung eines eigenen Hauses, ernstliche Folge zu geben. Die Vorsteher versicherten sich des Beistandes der begüterten Mitglieder, brachten mehrere der damals noch freistehenden Grundstücke in der Nähe des Opernhauses in Vorschlag und traten sogar mit einigen Grundeigenthümern in vorläufige Unterhandlungen. Da war es der Geh. Ober Finanz-Rath Beuth, damals noch Mitglied der Gesellschaft, welcher auf den Platz neben dem Finanz-Ministerium aufmerksam machte, welcher durch das theilweise Zuwerfen des alten Festungsgrabens mit dem Schutt des abgebrannten Schauspielhauses entstanden war. Im Monat März des Jahres 1821 wurde die Königliche Gnade um Bewilligung dieses Platzes angesprochen und diese erfolgte in der Allerhöchsten Cabinets-Ordre vom 27. April 1821. Der grofse Ausschufs wurde sodann nach Anleitung der Grundverfassung berufen und fafste nach dreijährigen Deliberationen, doch unter den Erweisungen des lebhaftesten Eifers von Seiten der Mehrzahl der Mitglieder, die für die Herbeischaffung der Gelder, für die Bestellung des Baumeisters, Erwägungen des Bauplanes, Bestellung einer Bau-Commission u. s. w. erforderlichen Beschlüsse. Während nun aber dieselben in Ausführung gebracht wurden, mufste die Gesellschaft noch dreimal den Aufenthalt wechseln. Während des Sommers 1822 fand sie ein Unterkommen in der Dorotheenstädtischen Kirche, die das Consistorium freundlich dazu bewilligte, in dem darauf folgenden Winter nahm sie der Vorstand der Freimaurer-Loge Royal York auf und verlängerte seine Verstattung nach und nach bis Ostern 1825. Dann aber blieb nichts Andres übrig, als bis zur Vollendung des Baues den Jagorschen Saal unter den Linden zu miethen, in welchem auch die erfreulichen Begebenheiten der Grundsteinlegung und Richtung des Gebäudes mit Festmahlen, bei welchen es an Gesang und Gedichten nicht fehlte, gefeiert wurden.

Am 2. Januar 1827 fand die erste Versammlung in dem neuen Sing-Akademie-Gebäude Statt, das, wenn es auch viel gröfsere Opfer kostete, als man sich nach den wiederholten Anschlägen hatte vorstellen können, doch allen wesentlichen Bedürfnissen genügte. Nun erst konnte die Anstalt sich für unabhängig und fest begründet erachten und den genannten Tag als den Anfang einer neuen Periode erweiterter Wirkamkeit betrachten.

Die öffentlichen Aufführungen von Oratorien.

Auf ähnliche Weise bietet der Anfang des Jahrhunderts Gelegenheit, von der Art und Weise zu reden, wie sich die Sing-Akademie dem grofsen Publikum zugänglich zu machen suchte. Wiewohl schon früher, auch aufser den Auditorien, öffentliche Aufführungen in den Kirchen für ein Eintrittsgeld zu wohlthätigen Zwecken Statt gefunden hatten, wie dies namentlich noch mit dem Mozartschen *Requiem* zur Gedächtnifsfeier von

Fasch der Fall gewesen war, so entstand doch erst in diesem Jahre eine, Wiederholung und Dauer versprechende Regel. Denn gegen das Osterfest 1801 trat Mad. Bachmann (ein bereits öfter erwähntes verdientes Mitglied, das zu den ältesten Theilnehmern gehörte) mit der Königl. Erlaubniß hervor, Rammler's *Tod Jesu* mit der Graunschen Composition im Saale des Königl. Opernhauses aufzuführen (*). Mit Einwilligung der Vorsteherschaft lud sie die sämmtlichen Mitglieder der Akademie zur Mitwirkung ein und am Charfreitag, den 3. April, fand die Aufführung vor einer zahlreichen Zuhörerschaft zu allgemeiner Erbauung Statt. Seitdem ist sie an jedem Charfreitag wiederholt, Anfangs allein zum Besten der Mad. Bachmann, später zu Zelter's Benefiz, nach seinem Tode für die Kasse der Sing-Akademie. Der Erfolg der ersten Aufführung brachte der Sing-Akademie vielerlei Aufforderungen zu ähnlichen, meistens den Armen zur Hülfe bestimmten Aufführungen, doch suchte sich die Vorsteherschaft, da die näheren Zwecke der Akademie darunter zu sehr beeinträchtigt worden wären, solchen Anforderungen zu entziehen, gab aber dagegen bei einer der letzten Versammlungen in der Petrikirche am 29. September, zum Besten der Armen eine öffentliche Aufführung von Fasch's achtstimmigen Compositionen, wobei die beiden Chöre an den äußersten langen Enden der Kirche aufgestellt waren und gut zusammenwirkten, obgleich die Direction sich nur in der Nähe des einen befinden konnte. Es waren fast 2,200 Billets dazu vertheilt und obgleich der Betrag der milden Gabe beim Ausgang jedem Anwesenden überlassen blieb, so erreichte ihr Gesammtbetrag dennoch fast die Summe von 150 Thlrn.

Die nächste Aufführung war die des *Alexander-Festes*. Sie wurde zu Ehren der am 16. März 1806 verstorbenen Mad. Zelter veranstaltet und zwar erst am 13. October 1807, denn sie sollte von einer feierlichen Aufstellung der von Schadow verfertigten Büste der allgemein vermißten und betrauerten Sängerin begleitet sein. Da nun im October 1806 die französische Invasion Statt gefunden hatte, weshalb auch in dem ganzen Winter bis zum 10. Februar keine Versammlungen hatten zu Stande kommen können, so scheint dadurch sowohl die Arbeit des Bildners als die Anordnung der Feier verzögert worden zu sein. Das Händelsche Werk muß indessen vorzüglichen Beifall gefunden haben, da einige Wochen später, nämlich am 24. November, eine öffentliche Aufführung vor einem größeren Publikum im Concertsaale des Opernhauses Statt fand. In demselben wurde dann auch am 20. December ein Concert, in welchem mehrere Compositionen von Fasch und Zelter zur Ausführung kamen, zum Besten der Armen gegeben.

Um diese Zeit hatte Zelter sein Oratorium „*die Auferstehung und Himmelfahrt Jesu*" componirt und brachte dasselbe 1808 am 17. April, dem Ostermontage, in dem gedachten Lokale zur Ausführung. Die Einnahme war zu seinem Besten. In den nächsten Jahren ward es üblich, daß die Graunsche *Passion* alljährlich am Charfreitage und das Zeltersche Oratorium an dem darauf folgenden Sonntage zur Verherrlichung des Osterfestes zu öffentlicher Aufführung gelangten. Vier Jahre blieb es bei dieser Regel. Das letztgenannte Oratorium unterblieb aus unbekannten Ursachen zuerst im Jahre 1812 und

---

(*) Früher war die Charfreitags-Musik von dem Cantor Lehmann in der Nicolai-Kirche gegeben, doch ohne Mitwirken der Akademie.

ç*

wurde dann nur noch einmal am 2. April 1813 zum Besten der vaterländischen Krieger in der Garnisonkirche aufgeführt.

So wie am Todestage von Fasch, Anfangs alljährlich, sein Gedächtnifs gefeiert wurde, so geschah dies nun auch in Beziehung auf die Zelter, und gleichzeitig entstand der Gebrauch, jedesmal bei dem Ableben eines Mitgliedes in der nächstfolgenden Versammlung eine, nach Maafsgabe seiner Wirksamkeit mehr oder weniger festliche, Todtenfeier zu halten.

Zur Feier des Friedensfestes kam 1809 das Righinische *Te deum* in dem gewohnten Lokale mit Instrumentalbegleitung zur Ausführung und wurde im nächsten Jahre, als der Hof seine Residenz wieder in Berlin genommen hatte, einige Tage nach dem Geburtstage der Königin, im königlichen Schlofs vor dem ganzen Hofe wiederholt. Die Leistungen der Sing-Akademie fanden bei diesen Gelegenheiten so vielfache Anerkennung, dafs man sie immer mehr zu einem öffentlichen Hervortreten aufforderte und so brachte sie denn auch noch in demselben Frühling 1810 eine Messe von Righini abermals im Opernhause und zu wohlthätigem Zweck zur Aufführung. Im Sommer desselben Jahres gab der im ganzen Lande tiefbetrauerte Tod der Königin zu solchem öffentlichen Hervortreten mehrfache unwillkommene Gelegenheit. Nicht blofs im Lokal der Akademie, sondern auch in den Kirchen hatte die Akademie das Geschäft, den Klagen des Volkes ihre Töne zu leihen und eine von G. A. Schneider componirte Trauer-Cantate wurde von ihr am 18. August im Opernhause vor zahlreicher Versammlung gesungen.

Die Kriegsjahre 1812 und 1813 machten in diesen öffentlichen Aufführungen eine Unterbrechung. Zwar war schon, als der König den Aufruf an sein Volk erliefs und die ganze Jugend zu den Waffen eilte, von einer Aufführung des Händelschen „*Judas Maccabaeus*" als einer zeitgemäfsen Unternehmung, ja wie von einer Verpflichtung der Akademie gegen das Publikum die Rede gewesen, auch kamen mehrere der kräftigen Chöre in den Versammlungen zu wiederholter Übung; die öffentliche Aufführung dieses Meisterwerks kam aber erst unter grofsem Zudrang und zu allgemeiner Begeisterung der Zuhörer am 29. März 1814 zu Stande, fast an demselben Tage, an welchem der blutige Streit durch den letzten Hauptschlag vor Paris entschieden ward; dafs die Einnahme den verwundeten Kriegern zu Gute kam, bedarf wohl kaum einer Erwähnung. In den nächsten 10 Jahren entzog sich die Akademie, die es sich von jetzt an zum Gesetz gemacht hatte, nur unter der Leitung ihres Directors in ihrer Gesammtheit öffentlich aufzutreten, dem oft an sie gerichteten Ansinnen so viel wie möglich und leistete ihre Hülfe, aufser bei den oben erwähnten Ostermusiken, nur zum Besten der Vaterlands-Vertheidiger und der Armen. Solche Aufführungen waren die der *Schöpfung* von Haydn am 17. September 1815 und mehrerer geistlichen Stücke unter Mitwirkung der Madame Sessi in der Marienkirche am 22. August 1817.

In den folgenden 3 Jahren ist nichts dieser Art vorgegangen. Erst Spontini's Eintritt in Berlin und sein Verlangen, irgend ein grofses Werk mit ihr und der Königl. Kapelle zur Darstellung zu bringen, weckte wieder den Versuch. Am 2. November 1820 wurde der *Judas Maccabaeus* unter seiner und Zelter's gemeinschaftlicher Leitung in der Garnisonkirche und am 27. Februar 1821 das *Alexander-Fest* ebenso zur Einweihung des Concertsaales im neuen Schauspielhause gegeben. In demselben Lokal fand diesmal auch die Aufführung der Graunschen *Passion* Statt, sowie zu Ende des Jahres das Mozartsche *Requiem* zu Andreas Romberg's Gedächtnifs. Im nächsten Jahre (1822) wurde ausnahmsweise am Charfreitag Händels *Messias*, statt der Graunschen *Passion* gegeben, doch in den folgenden Jahren die alte Ordnung wieder hergestellt, mit der einen Ausnahme, dafs nicht der Concertsaal des Opernhauses, sondern das Haus selbst zu der Aufführung diente. Aufserdem kam nur noch Händel's *Messias* am 29. April 1823 in der Garnisonkirche zur Aufführung und dies war die letzte bis zur Vollendung des neuen Sing-Akademie-Gebäudes, welche, wie oben erwähnt, im Jahre 1827 Statt fand.

Von dieser Zeit an gebot die, durch die Baukosten etwas bedenklich gewordene, finanzielle Lage der Gesellschaft, öffentliche Musik-Aufführungen für Geld zum Besten ihrer Kasse zu veranstalten, ein Mittel, das, wie bedenklich es Anfangs schien, dennoch die Gesellschaft ohne Zweifel allein vor der Gefahr einer möglichen Auflösung bewahrt hat und keinesweges von den Nachtheilen begleitet gewesen ist, die Manche damals sich drohend dachten. Wenigstens hat die Anstalt während dieser Zeit ihre Kräfte immer nur demselben Zwecke und derselben Kunst-Gattung gewidmet, und, obgleich vielleicht nicht ohne einige Anregungen der Eitelkeit, manches treffliche Werk, das sonst dem Publikum nicht bekannt geworden sein würde, zur allgemeinen Anerkennung gebracht und sich dabei den Dank eines höchst achtungswerthen Publikums erworben, das in den abgelaufenen 15 Jahren dem Unternehmen in einer seltenen Treue zugethan geblieben ist, so dafs noch in der allerneuesten Zeit eine Aufführung von Haydn's *Jahreszeiten* den Saal in allen seinen Räumen zu füllen vermochte, als an demselbigen Abend die Herren Rubini und Liszt den Concertsaal des Schauspielhauses von ihren Verehrern gefüllt sahen. Zu bemerken ist noch, dafs seit Zelter's Tode, im Jahre 1832, auch die Einnahme für die Charfreitags-Musik in die Kasse der Sing-Akademie geflossen ist, wogegen dem neuerwählten Director eine Erhöhung der Besoldung zu Theil wurde.

Die Oratorien, welche auf diese Weise nach und nach, zum Theil mit Wiederholungen, öffentlich aufgeführt wurden, sind folgende:

Im Jahre 1827 am 27. Juni. *Josua* von Händel.

» » 1828 » 17. Jan. und 6. Febuuar. *Judas Maccabaeus.*

» » » » 28. Febr. *Alexander-Fest.*

» » » » 17. Sept. Dasselbe. (Bei Gelegenheit der Versammlung der deutschen Naturforscher.)

» » » » 13. Nov. *Samson* von Händel.

» » 1829 » 29. Jan. *Messias.*

» » » » 11. März. Seb. Bach's *Passion nach dem Evangelium Matthäi.*

» » » » 21. » Wiederholung derselben (beide Mal unter Felix Mendelssohn's Direction und zu wohlthätigem Zweck).

» » » » 2. Apr. *Jephtha* von Händel.

» » » » 24. Mai. *Mehrere Compositionen* von Fasch und Zelter *a capella* (zum Besten der Überschwemmten bei Danzig).

» » » » 4. Nov. Wiederholung in ähnlicher Art für die Überschwemmten in Schlesien.

Im Jahre 1829 am 26. Nov. *Sechszehnstimmige Messe* u. s. w. *a capella*. Erstes Abon-
nements-Concert (*).

» » » » 17. Dec. *Samson.*

» » 1830 » 14. Jan. Concert *a capella*.

» » » » 11. Febr. *Judas Maccabaeus.*

» » » » 11. März. *Requiem* von Mozart und *Psalm* von Händel.

» » » » 4. Apr. *Passion nach Matthäus* von Bach.

» » » » 9. Apr. *Tod Jesu* von Graun.

» » » » 28. » Haydn's *Schöpfung* (in der Garnisonkirche für die Armen).

» » » » 28. Oct. *David* von Klein, unentgeltlich.

» » » » 4. Nov. *Alexander-Fest.*

» » » » 2. Dec. *Die Jahreszeiten* von Haydn.

» » 1831 » 13. Jan. *Psalm* von Grell, *Hymnus* von Rungenhagen, *Te deum*
von Händel.

» » » » 17. Febr. *Die Schöpfung* von Haydn.

» » » » 27. März. Bach's *Passion nach Matthäus.*

» » » » 1. Apr. *Der Tod Jesu* von Graun.

» » » » 23. Oct. und 5. Nov. Concerte *a capella* zu wohlthätigen Zwecken
während der Cholera-Epidemie.

» » » » 8. Dec. *Die Israeliten in Ägypten* von Händel.

» » 1832 » 12. Jan. *Judas Maccabaeus.*

» » » » 1. März. *Der Messias.*

» » » » 22. » Abermals *Judas Maccabaeus.*

» » » » 15. Apr. Bach's *Passion nach Matthäus.*

» » » » 26. Juli. *Der Messias* (in der Garnisonkirche zum Besten der Abgebrannten in Liebenwalde).

» » » » 27. Sept. *Das Gesetz des alten Bundes* von Neukomm (in der Garnisonkirche zum Besten der erblindeten Krieger).

» » » » 18. Oct. Wiederholung dieses Oratoriums ebendaselbst (zum Besten
der Klein-Kinder-Bewahr-Anstalten).

» » » » 22. Nov. *Salomo* von Händel.

» » » » 13. Dec. *Josua* von Händel.

» » 1833 » 17. Jan. *Samson* von Händel.

» » » » 21. Febr. *Passion nach dem Evangelium Johannis* von Seb. Bach.

» » » » 21. März. *Passion nach dem Evangelium Matthäi* von demselben.

» » » » 5. Apr. *Tod Jesu* von Graun.

» » » » 29. » *Requiem* von Mozart zum Gedächtniß des am 7. April verstorbenen Fürsten Anton Radziwill.

» » » » 21. Nov. *Saul* von Händel.

» » » » 19. Dec. *Die Sieben Schläfer* von Löwe.

(*) Von dieser Zeit an wurden in jedem Winter 4 bis 6 Concerte zu einem Abonnementspreis
gegeben.

Im Jahre 1834 am 23. Jan. *Alexander-Fest.*

» » » » 20. Febr. Bach's *Messe aus H-moll.* 1ᵗᵉ Hälfte.

» » » » 13. März. *Christi Einzug* von Rungenhagen.

» » » » 23. » Bach's *Passion nach Matthäus.*

» » » » 28. » *Tod Jesu* von Graun.

» » » » 16. Apr. *Christi Geburt* von G. A. Schneider (in der Garnison-kirche).

» » » » 16. Juli. Aufführung *a capella* zu wohlthätigem Zweck.

» » » » 20. Nov. *Belsazer* von Händel.

» » » » 18. Dec. *Messias* von Händel.

» » 1835 » 15. Jan. *Die Jahreszeiten* von Haydn.

» » » » 12. Febr. S. Bach's *Messe in H-moll.* 2ᵗᵉ Hälfte.

» » » » 12. März. *Judas Maccabaeus.*

» » » » 9. Apr. Bach's *Passion nach Matthäus.*

» » » » 17. » *Tod Jesu* von Graun.

» » » » 27. Mai. Bach's *Passion* (in der Garnisonkirche zu wohlth. Zweck).

» » » » 26. Oct. *Faust* vom Fürsten Radziwill (zum Besten der Stadtarmen).

» » » » 12. Nov. *Athalia* von Händel.

» » » » 17. Dec. *Das Gesetz des alten Bundes* von Neukomm.

» » 1836 » 14. Jan. *David* von Klein.

» » » » 4. Febr. *Die Israeliten in Ägypten* von Händel.

» » » » 25. » *Faust* von Radziwill.

» » » » 24. März. Bach's *Passion.*

» » » » 1. Apr. *Der Tod Jesu.*

» » » » 28. Mai und 4. Juni. *Faust* von Radziwill.

» » » » 17. Oct. *Messe* von Beethoven (im Concertsaale des Schauspiel-hauses für Beethovens Denkmal).

» » » » 17. Nov. *Der 119ᵗᵉ Psalm* von Fasch, zur Feier seines hundertsten Geburtstages.

» » » » 15. Dec. *Joseph* von Händel.

» » 1837 » 12. Jan. *Das befreite Jerusalem* von Friedrich Schneider.

» » » » 19. » *Requiem* von Mozart (zum Gedächtnifs der Fürstin Radzi-will, Prinzessin Louise von Pr.).

» » » » 9. Febr. *Die Jahreszeiten* von Haydn.

» » » » 9. März. S. Bach's *Passion nach Matthäus.*

» » » » 24. » *Tod Jesu* von Graun.

» » » » 27. Apr. *Faust* vom Fürsten Radziwill.

» » » » 31. Aug. *Requiem* von Mozart (zum Gedächtnifs des Grafen Brühl).

» » » » 30. Oct. *Faust* vom Fürsten Radziwill (zum Besten der Berliner Armen).

» » » » 16. Nov. *Joseph* von Händel.

» » » » 16. Dec. *Messias* von Händel.

» » 1838 » 18. Jan. *Paulus* von Felix Mendelssohn-Bartholdy.

Im Jahre 1838 am 15. Febr. *Salomo* von Händel.
» » » » 15. März. *Alexander-Fest* (im Concertsaale des Schauspielhauses zum Besten der Armen).
» » » » 29. » Bach's *Passion nach Matthäus.*
» » » » 13. Apr. *Tod Jesu* von Graun.
» » » » 31. Mai. *Faust* vom Fürsten Radziwill (zum Besten der Überschwemmten im Oderbruche).
» » » » 15. Nov. *Paulus* von Elkamp.
» » » » 15. Dec. *Die Schöpfung* von Haydn.
» » 1839 » 10. Jan. Em. Bach's *Sinfonie.* Seb. Bach's *Kirchen-Musik.* Grell's *Israeliten in der Wüste.*
» » » » 7. Febr. *Paulus* von Mendelssohn-Bartholdy.
» » » » 7. März. Seb. Bach's *Passion.*
» » » » 29. » *Tod Jesu.*
» » » » 30. Mai. *Faust* von Radziwill (zum Besten der Überschwemmten bei Marienburg).
» » » » 2. Nov. *Messias* (in der Garnisonkirche zur Feier des Reformationsfestes).
» » » » 7. » *Samson* von Händel.
» » » » 15. Dec. *Die Jahreszeiten* von Haydn.
» » 1840 » 9. Jan. *Judas Maccabaeus* von Händel.
» » » » 6. Febr. *Die Könige in Israel* von F. Ries.
» » » » 12. März. *Saul* von Händel.
» » » » 2. Apr. S. Bach's *Messe aus H-moll* (das *Credo*). *Maria und Johannes* von Schultz. *Gottes Zeit* von S. Bach.
» » » » 17. » *Der Tod Jesu.*
» » » » 26. » *Passion nach Matthäus* (zum Besten der Abgebrannten in Ketzin).
» » » » 4. Juni. *Faust* von Radziwill (zum Besten derselben).
» » » » 26. » Trauerfeier beim Tode des Königs. *Choräle* und *Requiem* von Mozart.
» » » » 26. Sept. *Guttenberg* von Löwe (unentgeltlich).
» » » » 19. Oct. Huldigungsfeier. *Domine salvum fac regem* von Rungenhagen und *Te Deum* von Händel (Dettinger).
» » » » 5. Nov. *Belsazer* von Händel.
» » » » 10. Dec. *Messe* von Andr. Romberg. *Kirchen-Musik* von Seb. Bach. *Messias* von Händel. Erster Theil.
» » 1841 » 14. Jan. *Die Schöpfung* von Haydn.
» » » » 28. » *Judith* von Eckert (zum Vortheil des Componisten).
» » » » 11. Febr. *Die sieben Schläfer* von Löwe.
» » » » 11. März. *Theodora* von Händel.
» » » » 1. Apr. *Paulus* von Mendelssohn.
» » » » 9. » *Der Tod Jesu.*

Im Jahre 1841 am				24. Mai.	Jubiläum der Sing-Akademie.

Im Jahre 1841 am 24. Mai. Jubiläum der Sing-Akademie.
Choral. Davidiana. Miserere. } von Fasch.
Sechszehnstimmige Messe.
Te Deum von Zelter.

» » » » 6. Oct. *Judas Maccabaeus* in der Garnisonkirche.
» » » » 25. Nov. *Joseph* von Händel.
» » » » 16. Dec. *Joh. Hufs* von Löwe.
» » 1842 » 20. Jan. *Psalm* von Händel. *Messe in D mol* von Cherubini.
» » » » 17. Febr. *Paulus* von Mendelssohn.
» » » » 17. März. *Caecilia* von Rungenhagen (von dem Componisten gegeben).
» » » » 25. » *Tod Jesu.*
» » » » 26. Mai *Faust* von Radziwill (für die Hülfsbedürftigen in Hamburg).
» » » » 23. Nov. *Messias* von Händel.
» » » » 15. Dec. *Psalm* von Fesca. *Messe in D mol* von Cherubini.

Die allmähliche Entwicklung der Verfassung.

Wie die Gesellschaft bei Fasch's Tode organisirt war, und wie namentlich die Geldangelegenheiten auf eine sehr einfache Weise verwaltet wurden, ist in dem Vorhergehenden im Allgemeinen angedeutet worden. Die Einnahmen und Ausgaben wurden in ein kleines Buch eingetragen, und jährlich gegen einander abgeschlossen, was zur gelegentlichen Ausweisung des baaren Bestandes bei den Versammlungen der Vorsteher hinreichte. Dieses Buch ist noch vorhanden, und beweist, dafs sowohl der Geh. Rth. Zenker als sein Nachfolger, der Kriegsrath Schulz, ihr Amt als Kassenführer mit der gröfsten Treue und Genauigkeit verwaltet haben. Mit dem Zunehmen der Mitgliederzahl wuchsen die Überschüsse nach und nach zu einem Capital an, aus welchem die Vorsteherschaft mancherlei Anschaffungen und die Kosten der Geschäfts-Reisen des Directors und andrer Beamten, zugleich mit den laufenden Ausgaben für Besoldungen, Heitzung, Erleuchtung, Notenschreiben, u. s. w. bestritt.

Nachdem schon früher zu Zeiten einzelne Stimmen in der Gesellschaft den Wunsch oder wohl gar die Forderung ausgesprochen hatten, dafs die Vorsteherschaft sie erfahren lasse, was mit dem gesammelten Gelde geschehe, wurde besonders auf das Betreiben der Frau Professorin Voitus im Jahre 1814 beschlossen, die namentlich von Seiten des weiblichen Personals nicht mehr vollzählige Vorsteherschaft durch Hinzuziehung einiger Mitglieder zu ergänzen, und es wurden dazu am 15. Januar 1815 die Herren Staatsrath Schulz, Prediger Ritschl und Professor Lichtenstein erwählt, von welchen aber nur die Herren Schulz und Lichtenstein die Wahl annahmen. Bei dieser Gelegenheit wurde die kurz vorher beschlossene Erhöhung des monatlichen Beitrages von 12 ggr. auf 16 ggr. bestätigt, dem Director eine bestimmte Entschädigung für seine Mühwaltung auf 600 rth. fixirt, die Aufnahme neuer Mitglieder von einer Mitberathung der Vorsteher abhängig gemacht, und bestimmt, dafs eine förmliche Jahresrechnung den ältern Mitgliedern vorgelegt und ein Inventarium der als Eigenthum der Gesellschaft zu betrachtenden Musikalien und Utensilien ange-

d

fertigt werden solle. Einige Monate später, nämlich im Juli 1815, wurden die Damen, Frau Staatsräthin Alberti, Frau Professorin Woltmann und Fräulein Rosenstiel zu Vorsteherinnen erwählt, und es bestand also das gesammte Verwaltungspersonal aus dem Director, 4 Vorstehern und 4 Vorsteherinnen. Zu gleicher Zeit wurden die Herren Rungenhagen und Hellwig zu Vice-Directoren bestellt, um den Director in Verhinderungsfällen ersetzen und überhaupt bei der Direction unterstützen zu können.

Die nächste Sorge wendete sich auf die Aufbewahrung und zweckmäfsige Verwendung der Capitalien, wobei sich als unerläfslich darstellte, dafs die Gesellschaft Corporations-Rechte erwerben müsse. Dieses konnte von den Behörden nur unter der Bedingung zugestanden werden, dafs schriftliche Statuten die Rechte der Gesellschaft und ihrer Vertreter feststellten. Es wurde daher sofort zu dem Entwurfe einer geschriebnen Verfassung geschritten, der nach vielen Umarbeitungen endlich im Sommer 1816 unter dem Titel „Grundrifs der Verfassung der Sing-Akademie" auf einem Bogen gedruckt erschien, und die gewünschte Anerkennung der Gesellschaft als einer juristischen Person zur Folge hatte.

In dem eben erwähnten Grundrifs waren kaum andere Bestimmungen enthalten, als die schon durch einen langjährigen Gebrauch und durch die letzt erwähnten Ernennungen gleichsam zum Gesetz gewordenen Einrichtungen. Indessen war dadurch der Vortheil erreicht, dafs sie jedem Mitgliede bei seiner Aufnahme sogleich vollständig und übersichtlich bekannt gemacht werden konnten.

Obgleich in diesem Grundrifs von einer Verantwortung der Vorsteherschaft gegen die Gesellschaft nicht die Rede war, so wurden doch von jetzt an alljährlich, sogar bei wichtigen Veranlassungen auch wohl öfter, die älteren männlichen Mitglieder der Gesellschaft versammelt, um ihnen den Rechnungs-Abschlufs vorzulegen, oder sie über wichtige, von der Vorsteherschaft eingeleitete Mafsregeln in Kenntnifs zu setzen. Ein Hauptgegenstand der Berathungen dieses gröfseren Ausschusses wurde schon damals die Sorge für ein eigenes Lokal, wobei dann die Unzulänglichkeit der vorläufigen Statuten in Betreff der Rechte der Gesellschaft und der den Vorstehern zustehenden Vollmacht sich vor allem andern fühlbar machte. Eine Umgestaltung der vorläufigen Verfassung in ein fester begründetes umfassendes Statut erschien daher als ein wesentliches Bedürfnifs.

Am 12. Juli 1817 war an die Stelle des kurz vorher abgegangenen Staatsraths Schulz der Staatsrath Köhler gewählt, und nicht leicht ist in der Geschichte unsers Instituts ein wichtigeres Ereignifs zu nennen als dieses. Denn nicht nur die grofse Geschäftskenntnifs und Thätigkeit, die diesem ausgezeichneten Mann eigen war, sondern die ungemeine Milde und Ruhe seines Charakters machten ihn ganz zu dem in dieser schwierigen Zeit erforderlichen Vermittler streitiger Ansichten und Interessen. Er unternahm sofort die Redaction einer erweiterten Grundverfassung, nach welcher dieselbe im Frühling des Jahres 1821 zu mehrfacher Berathung und endlicher Genehmigung gelangte. Sie wurde hierauf unter dem 27. August vollzogen und Einem Hohen Ministerium des Innern zur Bestätigung eingereicht, welche unter dem 7. September 1821 erfolgte.

In dieser, seitdem in Kraft gebliebenen allen gegenwärtigen Mitgliedern bei ihrer Aufnahme durch ein gedrucktes Exemplar bekannt gemachten Grundverfassung der Sing-Akademie wurde der Gesellschaft die volle Mitwirkung an der Verwaltung ihrer Angelegenheiten nicht nur mittelst des gröfseren Ausschusses, sondern auch durch die von ihr ausgehende Wahl der Vorsteher und Vorsteherinnen zuerkannt. Jeder derselben wurde (nach §. 17.) nur auf 4 Jahre erwählt, so daß alljährlich ein Vorsteher und eine Vorste-herin, jedoch unter Bedingung der Wieder-Wählbarkeit abtraten.

Nachdem bereits im Jahre 1818 an die Stelle des damals verstorbenen Kriegsrath Schulz Herr Jordan Friedel zum Kassen-Verwalter erwählt war, welches Amt, wie das des Directors und der Vice-Directoren, keinem Wechsel unterworfen sein sollte, fand gegen Ende des Jahres 1821 die erste Wahl neuer Vorsteher nach Anleitung der Statu-ten Statt, und wurden Herr Prediger Ritschl (zur Vervollständigung der gesetzmäßigen Vierzahl) und Fräulein Koch an die Stelle der, eine Wieder-Erwählung ablehnenden ältesten Vorsteherin Frau Professorin Voitus, erwählt.

Seitdem haben die Wahlen alle Jahr regelmäßig Statt gefunden, und zwar sind erwählt:

Für die Jahre 1823 bis 1826 Herr Gedicke an Herrn Hartungs (*) Stelle;
Fräulein Blanck für Frau Schadow (geb. Rosenstiel).

„ „ „ 1824 „ 1827 Herr Bornemann für Herrn Lichtenstein;
Fräulein Voitus für Frau Woltmann.

„ „ „ 1825 „ 1828 Herr Köhler, wieder erwählt;
Frau Krause für Frau Woltmann.

„ „ „ 1826 „ 1829 Herr Lichtenstein an Herrn Ritschl's Stelle;
Fräulein Koch, wieder erwählt.

„ „ „ 1827 „ 1830 Herr Gedicke und
Fräulein Blanck, beide wieder gewählt.

„ „ „ 1828 „ 1831 Herr Hellwig II. statt Herrn Bornemann;
Fräulein Voitus, wieder gewählt.

„ „ „ 1829 „ 1832 Herr Köhler, wieder gewählt;
Frau Gedicke für Frau Krause.

„ „ „ 1830 „ 1833 Herr Lichtenstein,
Fräulein Koch, beide wieder gewählt.

„ „ „ 1831 „ 1834 Herr Gedicke,
Fräulein Blanck, beide wieder gewählt.

„ „ „ 1832 „ 1835 Herr Hellwig II., wieder gewählt;
Frau Karsten für Fräulein Voitus.

„ „ „ 1833 „ 1836 Herr Köhler,
Frau Gedicke, beide wieder gewählt.

„ „ „ 1834 „ 1837 Herr Lichtenstein,
Fräulein Koch, beide wieder gewählt.

„ „ „ 1835 „ 1838 Herr Ribbeck für Herrn Gedicke;
Frau Türrschmidt für Fräulein Blanck.

„ „ „ 1836 „ 1839 Herr Hellwig II.,
Frau Karsten, beide wieder gewählt.

(*) Herr Hartung wurde später auf Lebenszeit zum Ehrenmitglied der Vorsteherschaft ernannt.

Für die Jahre 1837 bis 1840 Herr Köhler,
                Frau Gedicke, beide wieder gewählt.
»   »   »   1838 » 1841 Herr Lichtenstein,
                Fräulein Koch, beide wieder gewählt.
»   »   »   1839 » 1842 Herr Braumüller für Herrn Ribbeck;
                Fräulein Blanck für Frau Türrschmidt.
»   »   »   1840 » 1843 Herr Hellwig II.,
                Frau Karsten, beide wieder gewählt.
»   »   »   1841 » 1844 Herr Köhler,
                Frau Gedicke, beide wieder gewählt.

Die Aufnahme der Mitglieder und das allmählige Wachsthum ihrer Zahl.

Es hatten sich in den ersten zehn Jahren nach der Gründung der Sing-Akademie die musikalisch gebildeten Personen in der Hauptstadt um Fasch gesammelt, und ihm durch ihren Beitritt die Ausführung seiner Absicht, der kirchlichen Musik (der Musik im gebundenen Styl) förderlich zu sein, wesentlich erleichtert. Zelter lehnt in seiner Biographie des Stifters, ausdrücklich die Meinung ab, als habe er eine Schule bilden wollen, die Aufzunehmenden sollten diese vielmehr schon durchgemacht haben, die Fähigkeit für eine gemeinsame Ausführung der Meisterwerke in dieser Gattung und die Empfänglichkeit für einen gemeinsamen Genufs an denselben, ja für gemeinsame Erbauung mitbringen. Bald aber drängten auch die jüngeren Talente heran, und sie waren nicht abzuweisen, wofern sie sich einigermafsen vorbereitet und bildsam zeigten. Ihre Aufnahme ward gewöhnlich nach einer kurzen vorläufigen Prüfung von dem Meister verfügt, und es dabei um so weniger streng genommen, als der einmal vorhandene durchgebildete Kern seine bildende Kraft an ihnen meistens in sehr kurzer Zeit bewährte. Erst als die Zahl so grofs geworden war, dafs eine Beengung des Raumes durch zu bereitwillige Aufnahme zu befürchten stand, fing man an, mit strengerer Auswahl zu verfahren, und sah sich bald genöthigt, weniger Geübte zur Geduld zu verweisen, indem man ihnen die Aufnahme zusagte, sobald durch das Ausscheiden älterer Mitglieder für sie Raum gewonnen sein würde. So entstand der Gebrauch, den wir im Jahre 1804 zuerst angewendet finden, dafs die Namen aller sich um die Aufnahme Bewerbenden in eine sogenannte Expectanten-Liste eingetragen wurden, aus welcher dann die am meisten Befähigten, wenn sie zugleich für eine Gesellschaft, die so manche zarte Rücksicht zu nehmen hatte, geeignet schienen, zur Theilnahme an den Versammlungen berufen wurden. Es war dabei auch noch auf ein richtiges Verhältnifs der Stimmen gegen einander zu achten, damit nicht bei den musikalischen Aufführungen das gehörige Gleichgewicht verloren gehe, und damit alle, zumal die mehrchörigen Compositionen auf eine gleichmäfsige Weise besetzt werden könnten. Die Beurtheilung der Kunstfertigkeit blieb dem Director, die Vorsteher aber, und besonders die Vorsteherinnen begaben sich nicht des Rechts über die anderweitigen Eigenschaften mit zu urtheilen, und so wurde die Aufnahme neuer Mitglieder der Gegenstand gemeinsamer Berathung in den Conferenzen, welche nach und nach, und besonders in Folge der

Grundverfassung vom Jahre 1821 eine immer gröfsere Regelmäfsigkeit erhielten. Bei dem immer steigenden Andrang zur Aufnahme wurde schon am 19. November 1815 von einem der Vorsteher der Vorschlag gemacht, aus den Expectanten eine eigene Abtheilung zu bilden, die in besonderen Zusammenkünften eine Vorbildung für die Aufnahme erlangen, und aus deren Zahl dann diejenigen herüber genommen werden sollten, die die meisten Fortschritte gemacht haben würden. Der Vorschlag wurde indessen damals abgelehnt, weil die Unsicherheit in dem Gebrauch des vorhandenen Lokals die Einrichtung einer solchen Vorschule nicht gestatte. Erst nachdem die Akademie im Jahre 1827 in den Besitz eines eigenen Gebäudes gelangt war, konnte der Entwurf wieder aufgenommen werden, und diese zweite Abtheilung erhielt, weil sie in den gewöhnlichen Versammlungen am Montag und Dienstag nicht thätig auftrat, sondern nur zum Zuhören berechtigt war, dagegen sich Mittwochs, hauptsächlich unter Leitung der Vice-Directoren, übte, den Namen der Mittwochs-Akademie und die ganze Verfassung, unter der sie bis auf den heutigen Tag besteht.

Wie die Zahl der Mitglieder von der Stiftung der Akademie bis zu Ende des Jahres 1841 sich allmählig vermehrt hat und in welchem Verhältnifs der Stimmen gegeneinander, wird aus der hier folgenden Tabelle ihres allmähligen Wachsthums ersichtlich.

Jahr.	Sopran.	Alt.	Tenor.	Bafs.	
1791	7	5	7	8	27
1792	12	8	8	9	37
1793	17	9	10	12	48
1794	24	15	11	16	66
1795	29	22	14	19	84
1796	41	19	20	17	97
1797	39	18	18	17	92
1798	38	19	15	17	89
1799	53	22	18	21	114
1800	70	28	23	26	147
1801	84	29	36	34	183
1802	89	38	42	36	205
1803	84	38	49	36	207
1804	75	53	46	44	218
1805	83	54	46	44	227
1806	88	51	49	46	234
1807	93	51	48	57	249
1808	99	50	54	57	260
1809	89	64	54	50	257
1810	93	64	64	54	275
1811	103	66	64	60	293
1812	98	66	61	55	280
1813	111	67	62	61	301
1814	126	59	64	67	316

Jahr.		Sopran.	Alt.	Tenor.	Bafs.		
1815		116	53	58	64	291	
1816		108	52	56	68	284	
1817		105	49	54	63	271	
1818		101	51	52	64	268	
1819		111	51	58	68	288	
1820		109	57	58	66	290	
1821		102	56	55	69	282	
1822		115	63	41	69	288	
1823		113	60	66	73	312	
1824		115	65	78	73	331	
1825		116	66	76	75	333	
1826		135	72	79	88	374	
1827	D.	124	74	73	87	358	} 436
	M.	21	12	19	26	78	
1828	D.	117	73	76	88	354	} 457
	M.	32	14	29	28	103	
1829	D.	121	72	75	86	354	} 463
	M.	44	13	30	22	109	
1830	D.	127	71	70	86	354	} 457
	M.	51	21	16	15	103	
1831	D.	130	75	65	77	347	} 448
	M.	40	28	14	19	101	
1832	D.	132	75	66	86	359	} 478
	M.	51	24	15	29	119	
1833	D.	135	78	72	100	385	} 520
	M.	55	32	17	31	135	
1834	D.	127	83	73	96	379	} 527
	M.	64	34	21	29	148	
1835	D.	141	90	86	106	423	} 571
	M.	66	41	12	29	148	
1836	D.	141	93	91	111	436	} 588
	M.	68	48	12	24	152	
1837	D.	143	101	90	115	449	} 607
	M.	66	62	11	19	158	
1838	D.	140	98	80	114	422	} 588
	M.	70	66	9	21	166	
1839	D.	145	101	80	113	439	} 598
	M.	78	55	11	15	159	
1840	D.	148	106	84	112	450	} 625
	M.	83	61	12	19	175	
1841	D.	153	112	83	105	453	} 618
	M.	83	49	9	24	165	

Die Direction der musikalischen Übungen und Ausführung der Solopartien.

Dem Verein, aus welchem die Sing-Akademie hervorgegangen ist, lag ohne Zweifel die Absicht zum Grunde, einen selbstständigen, der Stütze der Instrumental-Begleitung nicht bedürfenden Chor zu bilden: den Kirchengesang in künstlerischer Weise zu üben und zu veredeln. Dazu mußten theils die schwierigen Tonverbindungen, dazu die figurirten Sätze in den Chorälen, dazu auch die Verbindungen mehrerer selbstständigen Chöre miteinander dienen. Das begleitende Instrument mußte nur als eine Hülfe für das Maaß der Bewegung und für die Ausfüllung der Harmonie betrachtet werden, sich aber nicht als ein wesentliches Bedürfniß für die Reinheit der Intonation oder wohl gar als Stütze einer unsichern und schwankenden Haltung des Chors geltend machen wollen. Die Faschschen Compositionen beweisen, wie er es damit gemeint. Ein Silbermannscher Flügel, den die Akademie bald nach ihrer Stiftung erwarb, diente dem Director zum Anschlagen einiger Accorde, zur Bezeichnung der Rythmen, selten zu wenigen ausfüllenden Zwischenspielen. Bei schon eingeübten Sätzen pflegte der Director den Chor ganz sich selbst zu überlassen, und die Freiheit, mit welcher er sich dann in den künstlerischen Verzögerungen und Beschleunigungen des Zeitmaaßes, in der wechselnden Kraft und Weiche des Ausdrucks, ohne alle Lenkung, wie beseelt von der Empfindung eines Einzelwesens, bewegte, war es hauptsächlich, welche diesem Institut schon so bald nach seiner Gründung die Bewunderung der tiefsten Kenner wie der unkundigsten Laien zu wege brachte. Der Flügel (Federflügel) von der damaligen Construction mit seinem kurzen spitzen Ton war auch ganz das Instrument, das den oben angegebenen Absichten der Leitung genügen mußte, und noch lange, nachdem dasselbe vom Pianoforte und dem englischen Flügel, selbst in allen Privat-Häusern verdrängt war, fand sich seine Zweckmäßigkeit bei unsern Übungen bewährt. Nur mit Bedauern sahen alle, besonders die älteren Mitglieder den Silbermannschen Flügel, an dessen Stelle freilich auch ein neues Instrument derselben Art nicht mehr zu beschaffen war, plötzlich verschwinden, und einem modernen Flügel von Schleip Platz machen. Dies geschah am 5. April 1825. Nachdem auch dieser bei 14jährigem Gebrauch angefangen hatte, seinen Werth zu verlieren, wurde im Sommer 1839 das kostbare englische Instrument (von Collard-Collard in London) angeschafft, welches gegenwärtig bei der Direction im Gebrauch ist.

So wie sich Fasch, wenn er durch Krankheit verhindert war, in der Direction durch Zelter vertreten ließ, so pflegte auch Zelter, während seiner Abwesenheit auf Reisen, einem der zur Akademie gehörigen Freunde die musikalische Direction zu übertragen. Als er im Januar 1802 nach Weimar ging, war Lauska sein Vertreter, später und zwar bis zum Jahre 1814 pflegte ihn der Dr. Ritschl (jetzt evangelischer Bischof in Stettin) und zwar mit besonderm Erfolg zu ersetzen. Im Jahre 1815 wurden die Herren Rungenhagen und Hellwig zu Vice-Directoren ernannt, und somit die amtlichen Stellvertreter des Directors. Seit der Erstgenannte nach Zelter's Tode im Jahre 1833 sein Nachfolger geworden ist, bekleidet Herr Grell das Amt des Vice-Directors.

Wie sehr Fasch darauf bedacht gewesen, neben dem Chorgesang auch die Kunst des Gesanges und musikalischen Vortrages in dem Einzelnen auszubilden, bezeugen alle seine Compositionen, in welchen mit den vollstimmigen Sätzen 2 und 3 stimmige oder Solo-Sätze auf eine angenehme Weise abwechseln, so dafs man die Absicht nicht verkennen kann, nicht nur dem Chor von Zeit zu Zeit Ruhe zu gewähren, sondern ihm auch durch die Stimmen seiner geübtesten Mitglieder stets wieder ein Muster für die beabsichtete Art des Vortrages vorzuhalten. Ohne Zweifel haben sich die Personen, welche die Solo-Sätze auszuführen pflegten, nicht nur als die geübteren bewährt, sondern nächst den Directoren am meisten für das Gedeihen der Anstalt geleistet, durch ununterbrochenen Besuch der Versammlungen, durch oft nicht geringe Anstrengung, durch treue Ausdauer und Hingebung, die manches Opfer und in vielen Fällen eine Selbstverleugnung erforderte, wie sie nur die Begeisteruug für einen edlen Zweck hervorbringen kann. Wer auch nur eine kurze Zeit Mitglied der Sing-Akademie gewesen ist, wird gestehen müssen, dafs die Freude, welche ihm die Theilnahme an diesem Verein gewährt hat, eben so sehr durch das Hören der Solo-Sätze, wie durch das Mitwirken im Chorgesange bewirkt worden ist. Es wäre undankbar, in einem, wenn auch noch so kurzen Bericht über die Begebenheiten der Anstalt während ihrer ersten 50 Jahre die Namen der Personen nicht hervorzuheben, die auf die oben bezeichnete Weise auf kürzere oder längere Zeit, mit mehr oder geringerem Erfolg, immer aber mit dem besten Willen soviel zu dem Gedeihen und dem Glanz des Instituts beigetragen haben. Das nachfolgende, chronologisch geordnete Verzeichnifs der Namen, die in solcher Weise unter uns vorzugsweise genannt sind, soll dem Verdienst seinen Dank sichern, und wird, wie wir hoffen, allen früheren und jetzigen Mitgliedern zur angenehmen Erinnerung an dem Genufs dienen, den sie zu irgend einer gegebenen Zeit aus dem Hören der Solo-Partien geschöpft haben.

Die Solo-Sänger der Sing-Akademie (*).

Jahr.	Sopran.	Alt.	Tenor.	Bafs.
1790.	Dem. Dietrich. Mad. Bachmann.	Mad. Nobiling.	Seneiders.	Johannes.
1791.	Dem. Pappritz. Dem. Schmalz.	Dem. Graziani. Mad. Fischer.	Lehmann. Hurka.	Zenker. Messow.
1792.	Dem. Pappritz. Dem. Dietrich.	Dem. Graziani. Mad. Fischer.	Lehmann. Rebenstein.	Fischer.
1793.	Mad. Messow. Dem. Pappritz. » Dietrich.	Dem. Blank. » Troschel. Mad. Nobiling.	Hurka. Marzanke. Gradolf.	Hartung. Messow.

(*) Um nicht zu oft dieselben Namen zu wiederholen, sind sie für die Dauer ihrer Wirksamkeit nicht immer bei jedem Jahre genannt, immer aber ist ihr erstes Auftreten, und das Beschliefsen ihrer Thätigkeit mit dem ersten und letzten Nennen ihres Namens bestimmt bezeichnet.

Jahr.	Sopran.	Alt.	Tenor.	Bafs.
1794.	Dem. Pappritz.	Mad. Sebald.	Lehmann.	Zenker.
	» Troschel.	Dem. Blanck.	Grell.	Hartung.
	» Friedel.	» Lütke.	Seidel.	Schulz.
	Mad. Bachmann.	Mad. Liemann.	Jordan.	Adam.
1795.	Dem. Pappritz.	Mad. Alberti	Seidel.	Loos jun.
	» Dietrich.	Dem. Niclas.	Lehmann.	Zenker.
	Fr. Karsten.	» Lütke.	Jordan.	Hellwig.
	Dem. Nicolai.	» Blanck.	Marzanke.	Fischer.
1796.	Mad. Zelter.	Mad. Fischer.	Seidel.	Patté.
	Grfin Finkenstein.	Dem. Blanck.	Jordan.	Fischer.
	Dem. Troschel.	» Niclas.	Hurka.	Zenker.
	Mad. Bachmann.	Mad. Liemann.	Schumacher.	Hartung.
1797.	Dem. Troschel.	Dem. Niclas.	Seidel.	Adam.
	» Friedel.	» Troschel.	Lehmann.	Hellwig.
	Mad. Schick.	» Blanck.	Hurka.	Loos.
1798.	Mad. Zelter.	Mad. Liemann.	Schumacher.	Fischer.
	Dem. Troschel.	» Alberti.	Jordan.	Hartung.
	» Dietrich.	» Fischer.	Grell.	Zenker.
1799.	Dem. Voitus.	Dem. Troschel.	Marzanke.	Gern.
	Mad. Bachmann.	Mad. Liemann.	Seidel.	Hellwig.
	Dem. Nicolai.	Dem. Koch.	Lehmann.	Loos.
1800.	Mad. Zelter.	Dem. Blanck.	Hurka.	Beschort.
	Dem. Voitus.	Mad. Fischer.	Schumacher.	Gern.
	Mad. Bergling.	Dem. Koch.	Grell.	Fischer.
	Mad. Jordan.	» Troschel.		
1801.	Dem. Voitus.	Dem. Blanck.	Seidel.	Gern.
	Mad. Zelter.	Mad. Liemann.	Lehmann.	Hellwig.
	Dem. Nicolai.	Dem. Koch.		Loos.
1802.	Mad. Zelter.	Dem. Blanck.	Grell.	Gern.
	» Jordan.	» Fuchs.	Jordan.	Hartung.
	» Bachmann	» Troschel.		
1803.	Mad. Zelter.	Dem. Blanck.	Lehmann.	Flemming.
	Dem. Voitus.	Mad. Alberti.	Grell.	Hellwig.
	» Sebald.	Dem. Koch.	Seidel.	Loos.
1804.	Dem. Sebald I.u.II.	Dem. Troschel.	Grell.	Gern.
	» Nicolai.	» Blanck.	Seidel.	Flemming.
	Mad. Bachmann.	» Fuchs.	Jordan.	Beschort.

e

Jahr.	Sopran.	Alt.	Tenor.	Bafs.
1805.	Dem. Koch. Mad. Zelter. Dem. Voitus.	Dem. Blanck. » Fuchs.	Lehmann. Grell.	Hartung. Flemming. Hellwig.
1806.	Mad. Zelter. Dem. Sebald I. u. II. » Koch.	Mad. Liemann. Dem. Blanck. » Fuchs.	Jordan. Seidel.	Gern. Flemming.
1807.	Dem. Marcuse. » Voitus. Mad. Jordan.	Mad. Troschel. Dem. Blanck.	Jordan. Paasche.	Hellwig. Flemming.
1808.	Dem. Koch. Dem. Sebald I. u. II. Mad. Bachmann.	Dem. A. Zelter. » Blanck.	Müller. Thielemann. Zelle.	Gern. Hellwig. Flemming.
1809.	Dem. Voitus. » Marcuse.	Mad. Patzig. Dem. Blanck. » A. Zelter.	Zelle. Jordan. Müller.	Loos. Hellwig. Gern.
1810.	Dem. Koch. Dem. Sebald I. u. II.	Dem. Blanck.	Paasche. Ambrosch. Thielemann.	Flemming. Langermann. Hartung.
1811.	Dem. Voitus. » Koch. » Marcuse.	Mad. Patzig. Dem. A. Zelter. » Blanck.	Eunike. Zelle. Grell.	Gern. Flemming. Hellwig.
1812.	Frl. Solmar. » Kramer. » Voitus.	Frl. A. Zelter. Mad. Patzig.	Grell II. Thielemann. Stümer.	Flemming. Gern. Langermann.
1813.	Frl. Sebald I. u. II. Frl. Solmar. Mad. Schultz.	Frl. Blanck. Mad. Patzig. Frl. A. Zelter.	Grell I. u. II. Friedrich. Zelle.	Flemming. Bufsler. Hellwig.
1814.	Frl. Kramer. » Solmar. » Voitus.	Frl. Blanck. » Kolbe. » Braun.	Stümer. Grell I. u. II. Müller.	Gern. Langermann. Hellwig.
1815.	Frl. Sebald I. u. II. Frl. Voitus. Frl. Kramer.	Frl. Braun. » Kolbe. » Blanck.	Grell I. u. II. Pölchau. Friedrich.	Gern. Bufsler. Stobwasser.
1816.	Frl. Solmar. » Natorp. » Kramer.	F. v. Ernsthausen. Frl. Kolbe. » Blanck.	Brese. Zelle. Pölchau.	Petersen. Hellwig. Gern.

Jahr.	Sopran.	Alt.	Tenor.	Bafs.
1817.	Fr. Förster.	Fr. Türrschmidt.	Grell I. u. II.	Hellwig.
	Frl. Voitus.	Frl. Hoffmann.	Stümer.	Körner.
	» Kramer.	» Rellstab.	Brese.	Bufsler.
1818.	Frl. Natorp.	Fr. Türrschmidt.	Stümer.	Stobwasser.
	» Sebald.	Frl. S. Reichardt.	Pölchau.	v. Beyer.
	» Kramer.	F. v. Ernsthausen.	Paasche.	Petersen.
1819.	Fr. Krause.	Fr. Türrschmidt.	Grell I. u. II.	Gern.
	» Förster.	Frl. Rellstab.	Rust.	Devrient.
	Frl. Auerswald.	» Blanck.	Stümer.	Bufsler.
1820.	Frl. Sebald.	Fr. Türrschmidt.	Grell II.	Körner.
	» Natorp.	Frl. Heidemann.	Hendefs.	Gern.
	Fr. Förster.	» Fischer.	Zürn.	v. Beyer.
1821.	Fr. Milder.	Frl. Blanck.	Bader.	Reichardt.
	» Krause.	F. v. Ernsthausen.	Pölchau.	Hellwig.
		Frl. S. Reichardt.	Schaufs.	Stobwasser.
1822.	Fr. Ritschl.	Frl. Blanck.	Stümer.	Gern.
	Frl. Natorp.	Fr. Türrschmidt.	Grell I.	Busolt.
	Fr. Förster.	Frl. Hoffmann.	Zürn.	Körner.
1823.	Fr. Milder.	Fr. Türrschmidt.	Rust.	Reichardt.
	» Krause.	Frl. S. Reichardt.	Bader.	v. Beyer.
		F. v. Ernsthausen.	Grell I.	Stobwasser.
			Brose.	Hellwig.
1824.	Fr. Ritschl.	Frl. Reichardt.	Pölchau.	Gern.
	» Förster.	» Blanck.	Rust.	Reichardt.
	Frl. Natorp.	» Homeyer.	Schaufs.	v. Beyer.
1825.	Frl. Sonntag.	F. v. Ernsthausen.	Bader.	Körner.
	Fr. Krause.	Fr. Türrschmidt.	Wepler.	Busolt.
	Frl. Natorp.	Frl. Hoffmann.	Zürn.	Stobwasser.
			Brose.	Hellwig.
1826.	Frl. Goroncy.	Frl. Blanck.	Stümer.	Reichardt.
	» Sonntag.	» Reichardt.	Pahl.	Gern.
	Fr. Ritschl.	Fr. Türrschmidt.	Kandelhardt.	Reifsiger.
			Pölchau.	Köpke.
1827.	Fr. v. Felden.	Frl. Hoffmann.	Rust.	Hellwig.
	Frl. Goroncy.	F. v. Ernsthausen.	Wepler.	Körner.
	Fr. Krause.	Frl. Blanck.	Bader.	Busolt.
			Stümer.	Gern.

Jahr.	Sopran.	Alt.	Tenor.	Bafs.
1828.	Fr. Milder.	Frl. Hoffmann.	Stümer.	Reifsiger.
	Fr. Nauck.	» Blanck.	Zürn.	Köpke.
	Fr. Förster.	Fr. Türrschmidt.	Humbert.	
1829.	Frl. v. Schätzel.	Fr. Türrschmidt.	Stümer.	Devrient.
	Fr. v. Felden.	Frl. Blanck.	Kandelhardt.	Gern.
	» Nauck.		Wallmüller.	Riese.
	» Bargiel.		Wepler.	
1830.	Frl. v. Schätzel.	Frl. Blanck.	Stümer.	Hellwig.
	Fr. Milder.	Fr. Türrschmidt.	Humbert.	Jähns.
	» Förster.		Zürn.	
			Mantius.	
1831.	Frl. W. Schmidt.	Frl. Blanck.	Bader.	Devrient.
	Fr. v. Felden.	Fr. Türrschmidt.	Wallmüller.	Riese.
	» Friedländer.		Rust.	O. Nicolai.
	» Nauck.		Schaufs.	
1832.	Frl. v. Schätzel.	Fr. Türrschmidt.	Mantius.	v. Eckenbrecher.
	» Bötticher.	Frl. Blanck.	Kandelhardt.	Bötticher.
	» Schmidt.		Zürn.	Hellwig.
	» Lenz.			Krause.
1833.	Frl. Schröck.	Frl. Dettmann.	v. Dacheröden.	v. Eckenbrecher.
	Fr. Nauck.	» Blanck.	Wallmüller.	Krause.
	Frl. Ganz.		Bader.	Mayet.
	Fr. v. Felden.		Humbert.	
1834.	Frl. Lenz.	Frl. Caspari.	Mantius.	Jähns.
	» Bötticher.	» Dettmann.	Kandelhardt.	Riese.
	Fr. Albrecht.		Schaufs.	Lebrun.
	Frl. Ferber.			Reifsiger.
1835.	Frl. Grünbaum.	Frl. Hellwig.	v. Dacheröden.	Hellwig.
	» Hagedorn.	» Caspari.	Bader.	Krause.
	Fr. Friedländer.	Fr. Türrschmidt.	Mantius.	v. Alvensleben.
	Frl. Lenz.		Humbert.	Riese.
1836.	Frl. Dickmann.	Frl. Dettmann.	Grua.	Hauser.
	» Ganz.	» Hellwig.	Zürn.	Mayet.
	» Hagedorn.		Bischkopf.	Zschiesche.
	» H. Schultz.		v. Ledebur.	

Jahr.	Sopran.	Alt.	Tenor.	Bass.
1837.	Frl. Burrucker.	Fr. Türrschmidt.	Bader.	Hellwig.
	» Dickmann.	Frl. Caspari.	Bouillon.	Reifsiger.
	» Galafré.	» Hellwig.	Bischkopf.	v. Eckenbrecher.
	» H. Schultz.		Braun.	Lebrun.
	» Stich.			
	» Krause.			
1838.	Fr. v. Fafsmann.	Frl. Dettmann.	Eichberger.	Mayet.
	» Curschmann.	» Hellwig.	Bouillon.	v. Alvensleben.
	Frl. Cubelius.		Heinrich.	Toeche.
	» Galafré.		Braun.	Mickler.
	» Hofkuntz.		v. Ledebur.	
1839.	Fr. Curschmann.	Frl. Dettmann.	Bader.	v. Tengnagel.
	» Friedländer.	» Caspari.	Ackermann.	Reifsiger.
	Frl. Gröbenschütz.	Fr. Rosenstiel.	Eichberger.	v. Eckenbrecher.
	Frl. Krause.		Hauer.	Mayet.
	» S. Löwe.			
1840.	Frl. Hofkuntz.	Frl. Fesca.	Horkel.	Riese.
	Fr. v. Fafsmann.	» Grodzka.	Kandelhardt.	Mickler.
	» Decker.		Mantius.	Toeche.
	Frl. v. Borck.		Eichberger.	Lebrun.
	» A. Löwe.			
1841.	Frl. Tuczeck.	Frl. Caspari.	Ackermann.	v. Tengnagel.
	» v. Borck.	» Fesca.	Bader.	Mayet.
	» H. Schultz.	» Dettmann.	Hauer.	Riese.
	» Hofkuntz.	Fr. Rosenstiel.	Horkel.	Zschiesche.
1842.	Frl. Schröck.	Frl. Fesca.	Mantius.	v. Eckenbrecher.
	Fr. v. Fafsmann.	» Caspari.	v. Ledebur.	Toeche.
	Fr. Burkhardt.	» Grodzka.	Ackermann.	Lebrun.
	Frl. A. Löwe.	» Dettmann.	Horkel.	Mickler.
	» Schmidt.		Hauer.	v. Tengnagel.

Die Bibliothek.

Eines der ersten Bedürfnisse der Sing-Akademie war ein gewisser Vorrath geeigneter Musikwerke und der dazu in hinreichender Menge ausgeschriebenen Stimmen. Wir haben gesehen, wie in den ersten Jahren diesem Bedürfnifs durch Fasch's eigenen Fleifs abgeholfen wurde, doch konnte weder sein noch bereitwilliger Freunde eifrigster Fleifs genügen, sobald nicht blofs die Zahl der Mitglieder, sondern auch die der zur Ausübung kommenden Stücke sich bis auf einen gewissen Grad vermehrt hatten. Es entstand bald ein Vorrath, für welchen, damit er stets geordnet und bereit sei, eine nicht geringe Sorgfalt in

Anspruch genommen werden mußte. Mit hingebender Treue und anfangs sogar unentgeltlich, übte diesen während der ersten 24 Jahre, der wackere Musikus, Freund und Schüler des seligen Fasch, Herr Patzig. Nach dessen Tode ging das Amt auf Herrn Casper über, der es bis 1833 verwaltet hat.

Durch ununterbrochen fortgesetzte Verwendung einer gewissen jährlichen Summe auf Copial-Arbeiten und durch gelegentliche Anschaffung von Partituren und Clavier-Auszügen der Meisterwerke war dieser Vorrath schon zu mehreren Schränken voll angewachsen, als im Jahre 1806 ein Vermächtniß der Prinzessin Amalie, welches von Sr. Majestät huldreich bestätigt ward, der Akademie der musikalische Nachlaß dieser Prinzessin zu Theil wurde. Er bestand in den Pracht-Ausgaben vieler Händelschen Werke und in mehreren sehr werthvollen Italienischen Compositionen von den besten Meistern. Einige Jahre später kam auch noch ein kleiner Vorrath theoretisch-musikalischer Werke hinzu, den der 1811 verstorbene, als Verleger und Schriftsteller berühmte Friedrich Nicolai, der selbst mit seiner ganzen Familie der Akademie angehört hatte, derselben in seinem Testamente vermachte.

Viele Jahre lang war auf die gewöhnliche regelmäßige Weise der zu den Übungen dienende Vorrath allmählig vermehrt, ohne daß ein außergewöhnlicher Zuwachs hinzugetreten wäre, als nach Zelters Tode die in dessen Nachlaß befindliche Sammlung nach gütlicher Übereinkunft mit seinen Erben in das Eigenthum der Akademie überging. So ist eine Bibliothek entstanden, die sowohl durch die Zahl der Werke wie durch den Reichthum an bedeutenden Seltenheiten, namentlich an Autographen, als ein wichtiges Besitzthum betrachtet werden darf. Sie ist in zwei der obern Zimmer des Gebäudes in sauberen neuen Schränken aufgestellt, nach einem vorläufigen Plane ziemlich gut geordnet und katalogisirt, aber wenig gekannt und benutzt, so daß die meisten Mitglieder kaum von ihrem Dasein wissen. Einige Jahre lang führte der verstorbene Pölchau auf Ersuchen der Vorsteherschaft die Aufsicht über sie, nachher hat sich Herr Dr. Brandes durch den Entwurf und theilweise Ausführung des Katalogs Verdienste um diesen nicht unwichtigen Vorrath erworben, der Director aber immer in oberer Instanz die Verwaltung und Verfügung darüber behalten.

Nachträglich bleibt noch zu bemerken, daß, als Hr. Jordan im J. 1834 von den Geschäften der Kassen-Verwaltung entbunden zu sein wünschte, Hr. Gedike zum Rendanten erwählt wurde, und daß nach dessen 1838 erfolgtem plötzlichen Hinscheiden Hr. Benda durch die Wahl der Gesellschaft zu dessen Nachfolger ernannt ist. Mit ungetheiltem Vertrauen sieht sie einen der wichtigsten Zweige ihrer Verwaltung in so geübten und treuen Händen und erkennt darin eine der sichersten Bürgschaften ihres ferneren Gedeihens.

———

Mit dem Dargebotenen hoffen wir den jüngern Mitgliedern die gewünschte allgemeine Kenntniß der ihrem Eintritt vorausgegangenen Begebenheiten, den älteren, Stoff zu vielfachen Erinnerungen an die mit erlebten Zustände in einer vorläufig genügenden Weise gewährt zu haben. Die Anstalt darf sich nach dem Zustande, in welchem sie sich gegenwärtig befindet, noch manches späteren Jahresfestes getrösten, und es wird dann die Gelegenheit nicht fehlen, auf eine vollständigere Art die vorliegenden Materialien zu einer wirklichen Geschichte der Sing-Akademie zu verwenden.

Lichtenstein.

Das Jubiläum der Sing-Akademie.

Schnell hintereinander waren in den Jahren 1837 bis 1839 die drei letzt lebenden aus der Zahl der Stifter, Frau Voitus, Herr Hartung und Herr Jordan durch den Tod hinweggenommen, und bei den zu ihrem Gedächtnifs veranstalteten Feierlichkeiten so Manches aus den frühesten Zeiten der Gesellschaft zur Erinnrung gebracht worden, dafs man nothwendig des nahen Zeitpunktes der 50 jährigen Dauer inne werden mufste. Der eigentliche Stiftungstag (den bis dahin noch sogar die Grundverfassung irrig angegeben hatte) ward jetzt genau ermittelt, und frühzeitig genug Montag der 24. Mai 1841 im Voraus zu einem grofsen Festtag der Sing-Akademie bestimmt, so dafs die Vorbereitungen dazu mit aller Ruhe und Sicherheit getroffen werden konnten. Nach vorausgegangnen reiflichen Berathungen und Anordnungen fand dieses Fest in folgender Weise statt:

Am frühen Morgen versammelten sich gegen 30 Mitglieder, der Mehrzahl nach von den älteren, auf dem Halleschen Kirchhofe am Grabe des Stifters, das mit frischen Blumen geschmückt war. Nachdem der Choral: „Von allen Himmeln" in der Faschschen Composition, gesungen war, sprach der Director einige Worte zum Gedächtnifs des liebreichen Meisters, der wie in der Kunst, so im Leben den Seinen immer grofs und edel erschienen und leitete auf sein Versett hinüber „Meine Seele hanget dir an," mit dessen Gesang die stille, vom heitersten Wetter begünstigte Morgenfeier geschlossen ward.

Abends um 6 Uhr versammelten sich die Mitglieder beider Abtheilungen in ungewöhnlicher Zahl, nämlich 240 von der Dienstags und 190 von der Mittwochs-Akademie. Der Raum für die Sänger war auf zweckmäfsige Weise durch stufenförmig sich erhebende Gerüste in den Probesaal hinein erweitert, und eben darum keine Orchester-Begleitung zulässig; die Mitglieder der Dienstags-Akademie nahmen die gewöhnlich von ihnen besetzten Plätze ein, in der gewohnten Ordnung der Stimmen, die Mittwochs-Akademie füllte in gleicher Ordnung den sonst vom Orchester eingenommenen Raum: 2 starke Chöre hintereinander, in amphitheatralischer Ordnung, vom Fufse der Estrade bis unter die Wölbungen des Probesaals hinter den Säulen desselben ansteigend. Noch nie hatte sich die Gesellschaft den zahlreich aus allen Ständen versammelten Zuhörern, unter welchen vorzugsweise die Personen, welche früher selbst der Akademie angehört hatten, geladen waren, in einem ähnlich glänzenden Anblick dargestellt.

Die Allerhöchsten Herrschaften erschienen in der königlichen Loge, in ihrem Gefolge befanden sich einige zufällig hier anwesende hohe Kenner, in welchen das Fest Erinnerungen aus früher Jugendzeit weckte. Der Saal war auf das Zierlichste mit Blumengehängen und Kränzen geschmückt, und bei geschlossenen Vorhängen vollständig mit Lampen erleuchtet, die hintere Erhöhung des Orchesters durch einen rothen Falten-Vorhang abgeschlossen, und die vier corinthischen Säulen mit Blumengewinden umgeben. Die Musik-Aufführung war in der Art angeordnet, dafs die Chöre von der Dienstags-Gesellschaft ausgeführt, nur an gewissen Stellen von der Mittwochs-Gesellschaft verstärkt wur-

f

den, wodurch eine in der Stärke der Ton-Massen höchst wirksame Steigerung hervorgebracht ward. Nicht nur jeder der beiden Chöre, sondern theilweise auch die einzelnen Stimmen hatten ihre eigenen Führer, welche die Zeichen des Directors wiederholten, und die Eintritte sicherten. In dem ersten Theil wurden nur Fasch'sche Compositionen ausgeführt, ein Choral und die vorzüglichsten Stellen aus den andern Werken: die letzten Sätze aus der 16 stimmigen Messe machten dessen Beschluſs. Den zweiten Theil füllte das *Te Deum* von Zelter. Es war auf zweckmäfsige Abwechslung von Chören und Solo-Sätzen Bedacht genommen, und bei den letzten waren alle Talente, die der Sing-Akademie angehören, abwechselnd beschäftigt. Mehr als 30 Personen traten nach und nach als Solo-Sänger vor.

Die schwere Aufgabe, mit einer so starken Masse die schwierigen Werke in allen ihren feinen Nüançen zu einer vollkommenen Wirkung zu bringen, gelang über die eigne Erwartung. Eine fleifsige und sorgfältige Einübung war vorausgegangen und alle Ausführenden wetteiferten in dem Bemühen, den wohlerworbenen Ruhm des Vereins zu bewähren. Seit der Stiftung der Akademie war so Grofses nicht unternommen, das Schwierigste nie so glänzend durchgeführt.

Ein solches Fest durfte nicht durch Gesang allein gefeiert, seine Bedeutung mufste auch durch Worte dankbarer Erinnerung, anregender Ermahnung und freudiger Hoffnung zu innigerem Verständnifs gebracht werden. Gleich nach dem Choral hielt Herr Director Dr. Ribbeck die nachfolgende

R e d e.

Funfzig Jahre sind heut verflossen, seitdem die Sing-Akademie begründet ward, und wohl ist es festlicher Freude werth, wenn ein Verein, wie der unsere, nach so langer Zeit noch lebenskräftig dasteht, sein wachsendes Gedeihen anschauend in der Vergangenheit, und voll des sicheren Gefühls, dafs er fort und fort dauern werde in den Tagen der Zukunft. Da überall ist Recht zur Freude, wo Saaten des himmlischen Geistes auf Erden in Fülle blühen; da darf Jubelfreude laut werden, wo, was einst der Vater alles Guten durch Menschenhand pflanzte, als dauernd in steter Verjüngung sich bewährt; — und umfängt uns nicht auch hier ein so gesegneter, ein — wir fühlen es — immer grünender Garten Gottes? Ja, es war mehr als etwas eitel Menschliches, was einst unsern edlen ersten Meister mit gleichgesinnten Freunden und Freundinnen zusammenführte zu den Übungen, aus denen dieser Verein entstand; der fromme Ernst reiner Liebe zu dem Heilig-Schönen, welches im Gesange sich offenbart, hat diese Gesellschaft gestiftet; ein Tempel sollte sie sein, in welchem jeder Theilnehmende das Opfer des treuen Fleifses darbrächte, damit die Werke der heiligen Musik auf ihrer würdige Weise, in ihrer wahren Schönheit zur Erscheinung kämen. Dieser reine, ernste Schönheitssinn, der in seiner Tiefe innig eins ist mit sittlicher Seelenwürde und Religion, er war der Schöpfer, der ursprüngliche Geist der Sing-Akademie; ihm dankt sie es, wenn zu ihren Räumen, wo die göttliche Kunst den ihr gewidmeten treuen Dienst mit den lautersten Genüssen lohnte, nur die Bildung der edel Gesitteten Eingang gewann, wenn hier die Tugend sich wohl und heimisch fühlte, hier die Freundschaft ein reines Genügen fand. Dafs ein solcher Verein die Probe der Zeit bestanden hat, es ist um so erfreulicher, als er für sein Fortbestehen vom Anfange an keine andre Bürgschaft hatte, als sein eigenes inneres Wesen; nur den freien Geist der höheren Kunstliebe, der ihn schuf, und wieder von ihm ausging; nur die Hoffnung, eben diese Liebe werde in der Hauptstadt des Vaterlandes zu jeder Zeit stark genug sein, die Sing-Akademie zu erhalten und mit immer neuem Leben zu erfrischen. Sie hat sich bewährt, diese Hoffnung, ruhmvoll für die Stifter des Vereins, deren Schöpfung nun wie das Werk eines herrlich erfüllten prophetischen Vertrauens vor uns steht; ehrenhaft für die Stadt, die diesem Vertrauen entsprechend solch einen Schmuck sich und dem Vaterlande zu bewahren wußte; zum lobenden Zeugniß endlich für alle Treuen in der Gesellschaft selbst. Doch nicht um Ehre zu nehmen, sondern um sie zu geben, sind wir heute hier versammelt; genug des Ruhmes für uns, wenn unser heutiger Gesang würdig der alten Meister ertönt, deren Werke und Lehren auf uns vererbt sind; selbst die Verdientesten in diesem Kreise, unter denen insonderheit Einen Aller übrigen herzliche Anerkenntniß im Stillen nennt, sie fühlen in dieser Feierstunde gewiß mehr sich erhoben durch das Opfer des Dankes, den sie mit uns den edlen Schutzgeistern unserer Vergangenheit darbringen, als jeder Dank, den sie für sich empfingen, sie erheben könnte. Ja, in unsere Vergangenheit richten wir den Blick ehrender Liebe aus der Freude der Gegenwart, und winden vor allen noch einmal den vollsten Kranz festlichen Dankes unserm ehrwürdigen ersten Meister Carl Christian Friedrich Fasch, in dessen Seele das Bild eines solchen Vereins in und mit seinem größten Meisterwerke zugleich sich erzeugte; der das Glück, für sein Verlangen empfängliche, treffliche Menschen zu finden, mit Begeisterung ergreifend, aus anspruchslosen Anfängen im engen Freundeskreise bald ein sichergestaltetes Leben geselliger Vereinigung für den heiligen Gesang hervorbildete, und von nun an der Sing-Akademie, seiner Schöpfung, mit rührender Hingebung und Treue seine ganze Zeit und Kraft bis zum Tode widmete, ohne einen anderen Lohn dafür zu empfangen oder zu begehren, als das Gedeihen seines Werkes, als die Freude und Erbauung seiner Freunde an den herrlichen Gesängen, mit denen er sie beschenkte. Dieser Gesänge Schönheit ist unsterblich, aber sie bewähren auch das alte Wort: „Schwer ist das Schöne;" ihre reine Darstellung wird immerdar eine würdig große Aufgabe bleiben für die Sing-Akademie; und so ehren wir denn billig unsern Fasch nicht nur als den Stifter, sondern als den uns immer gegenwärtigen, immer von neuem uns prüfenden Meister unsers Vereins, nicht als einen Todten, sondern als einen Lebendigen, als den fort und fort über uns schwebenden Genius der Akademie, und weihen in diesem Sinne mit seinem Namen das Gedenkbuch, welches wir, um uns theure Reliquien aufzubewahren, an dem heutigen Festtage stiften. Aber unserem Dankgefühle tritt seine ehrwürdige Gestalt nicht allein entgegen; mit ihm bringen wir den Gruß liebender Erinnerung den ehrenwerthen Mit-Stiftern der Akademie, ihnen allen, wenn wir auch nur die Namen Sidonie Voitus, Wilhelmine Sebald, Charlotte Dietrich, Julie Pappritz, nachmalige Frau Zelter, Frau Messow, Fräulein Graziani und Pröck, nachmalige Delius, Frau Nobiling, Barbara Fischer, Ludwig Fischer, Friedrich Schulz, August Hartung, Pierre Jordan-Friedel, Christian Zencker, damit sie das Bild jenes ersten Sänger-Kreises uns vergegenwärtigen, hier auszusprechen uns gestatten. Und wie viele Treffliche, später den ersten Begründern dieses Vereins hinzugesellt, wandeln ihnen nach vor unserm Geistesauge in der verklärten Reihe unsrer einstigen lieben Genossen: Wilhelmine Bachmann, Charlotte Nicolai, Friedrich Nicolai, Görcke und Wlömer, Friedrich Ferdinand Flemming, Franz Lauska, Otto Grell, Georg Gern, Karl Graf von Brühl, Friedrich Schleiermacher, Eduard Ritz, Ludwig Hellwig, Karoline Hellwig, Anna Milder, Ludwig Klenze, Georg Pölchau, Wilhelm Gedike, Emil Fischer, und so manche andere bis ans Ende uns treu gebliebene; sie alle einst schmerzlich von uns betrauert, nun aber auch für unser Gefühl und Andenken in die himmlische Ruhe eingegangen, welche das aus dem Tode erblühende Leben umweht. Denn auch unter uns leben sie fort in der stillen Nachwirkung dessen, was sie uns waren und gaben; und so sind sie uns geistig nahe auch die lieben Freunde, die nicht der Tod, sondern das Leben uns entführte; möchten sie, indem sie heut zu uns herüberdenken, aus der Ferne ahnen, wie der Dank für ihre Liebe und Treue auch von uns ihnen gezollt wird. Doch ob wir auch Viele der ehemals zu uns gehörigen heut rühmend zu nennen vermöchten: Einer ist es doch nur, den unsere Erinnerung dem großen Stifter des Vereins so zur Seite stellt, daß wir bekennen, wäre nicht auch Er gewesen, nimmer würde die Sing-Akademie geworden sein, was sie war, was sie jetzo ist. Wenn Fasch als der schaffende Meister der Akademie von uns gepriesen wird, so steht Zelter als der durch That und Wort bildende Lehrer des Vereins in eigenthümlicher Trefflichkeit und Ehre neben ihm; er, schon bei Faschens Leben mehrere Jahre hindurch die unentbehrliche Stütze des zwar innerlich jugendfrischen, aber körperlich schwachen Greises, dessen kranke Brust ihm weder das laute Wort, noch selbst des Flügels kräftige Berührung gestattete. Da trat Zelter ein, mit der Hingebung eines Sohnes in des Meisters Sinn und Art eingehend, und nicht nur durch sichere Leitung des Gesanges, durch strenge Wahrung der Reinheit und Richtigkeit des Vortrags, sondern auch durch treffende Kraftworte über jedes Gesangstückes Geist und Seele dafür sorgend, daß dem Vater der Sing-Akademie die Freude ward, in ihr einen treuen Wiederhall dessen, was ihm innerlich offenbar geworden, zu vernehmen. So war denn auch Zelter nach Fasch's Dahinscheiden der natürliche Erbe der Stellung, die jener ursprünglich in der Sing-Akademie eingenommen hatte; und wie würdig hat er bis an sein Lebensende, 32 Jahre hindurch, in dieser Stellung sich behauptet, wie treu dem Geiste seines Vorgängers, welchen tief erkannt zu haben, er durch die meisterhafte Schrift über Fasch's Leben bewies, hat er fortgearbeitet an der Kunstbildung der Gesellschaft; wie regsam hat er seinem Lehrer nachgeeifert im Schaffen gediegener Gesangswerke für diesen Verein; wie eignete er sich, eine solche Gesammtheit zu leiten und zu vertreten, auch darum, weil die Natur und er selbst auf sein ganzes persönliches Wesen den tüchtigen Stempel deutscher Manneskraft mit festem Schlage geprägt hatte. Wahrlich, er verdiente die Freude, und sie ward ihm, das fortschreitende, selbst durch die Zeiten allgemeiner Noth nicht gehemmte Gedeihen des Werkes, an dem er schaffte, zu sehen; der Genossen stets wachsende Zahl, der besten Mitbürger immer rege Theilnahme, die fortdauernd gesteigerte Thätigkeit der Gesellschaft zur Erbauung christlicher Gemeinden beim Gottesdienst, und zur öffentlichen Darstellung großartiger Kunstwerke, die Nacheiferung, welche von hier aus geweckt, an vielen Orten des deutschen Vaterlandes der heiligen Kunst ähnliche Vereine widmete, die Sing-Akademie selbst nach mehrjähriger, doch bald als gutes Geschick sich erweisender Wanderung hier im eigenen Hause würdig eingerichtet und zu solcher Fülle sich erweiternd, daſs sie noch einen zweiten vorbereitenden Verein sich anzureihen vermochte. So hinterlieſs Zelter Faschens Schöpfung erfüllt von einer Kraft, welche des unzerstörbaren Lebens Sicherheit in sich trägt und aus welcher heut die Freude quillt, mit der die Sing-Akademie in ihres ersten Jahrhunderts zweite Hälfte hinübergeht. Gesegnet denn sei das Andenken der treuen Arbeiter, die einst hier gründeten und weiter bauten, was jetzt, ein weitgewölbter Dom, zum würdigen Dienste deutscher Kunst sich erhebt; aber gesegnet auch das Gedächtniſs der hohen Meister, deren groſsartige Gesangwerke neben denen von Fasch und Zelter unserm Eifer, so wie der Theilnahme unserer Freunde zur stets neuen Belebung, unsrer Kraft zur weiterfördernden Prüfung dienten, deren Werke von der Sing-Akademie würdig dargestellt lebendig ergreifend weiterwirkten auch auf manchen berufenen und nachmals bewährten Jünger der Kunst, der hier zuerst inne ward, welche Bahn er einschlagen müsse, um des wahrhaft hohen und edlen Stils in der Musik Meister zu werden. — Viele treffliche Tonkünstler haben uns unmittelbar durch Compositionen, die sie unserm Vereine zueigneten oder selbst mit uns aufführten, geehrt und erfreut; so dürfen wir Naumann, Reichardt, Righini, Beethoven, Andreas Romberg, Neukomm, Bernhard Klein, den Fürsten Anton Radziwill, mit in die Reihe der theuern Verklärten stellen, deren Gedächtniſs heut ehrend zu feiern uns geziemt; aber noch weiter hinauf führt uns das Recht und die Pflicht dieses Dankes; auch zu den hohen Genien früherer Zeit, die doch auch für uns geschaffen haben, was sie schufen, wenn anders die Sing-Akademie glauben darf, auf nicht unwürdige Weise die Werke eines Palestrina, Leo, Lotti, Durante, Jomelli, Johann Sebastian Bach, Graun, Hasse, Mozart und Haydn für die Mitwelt wiederbelebt zu haben. So verdankt sie denn ihr freudigthätiges, heilsam wirkendes Bestehen auch diesen Unsterblichen, und vor allen Genannten dem gewaltigen Georg Friedrich Händel, dessen Gesänge gleich Thaten sind, in der Kraft des lebendigen Gottes gethan. O daſs der Geist, der solche Werke eingab, auch künftig seine Propheten sich erwecke im deutschen Volke und daſs die Sing-Akademie würdig, fähig bleibe, solcher Gottbegeisterten lautschallende Stimme und beseeltes Werkzeug zu sein! Sie wird es, wenn sie den frommen Ernst, den treuen Fleiſs ihrer Stifter und Führer einmüthig bewahrt, wenn sie, wie herrlich auch die äuſsere Gestaltung sei, in der sie die Schwelle ihres zweiten Halbjahrhunderts betritt, doch nicht in dem äuſserlich Glänzenden, sondern in der unscheinbaren Tugend der Regelmäſsigkeit, der Achtsamkeit bei den alltäglichen Übungen ihren höchsten Werth erblickt und festhält. Dann nur, aber wahrlich dann ist es wahrer Freude werth, ist es herzerhebend, eine Sängerschaar, die das Auge nicht zu zählen vermag, Chöre über Chöre sich reihend, im Dienste der heiligen Kunst versammelt zu sehen; sie stehet da, eine Macht, die der Geist des Guten und Schönen sich bereitet hat, seine herrlichen Siege zu gewinnen, ein Heer des Herrn, das des Alleinheiligen Ehre verkündet, aber auch eine segensreiche Menge von Boten Gottes, die das trostreiche Wort des Friedens herniederbringt. Gewiſs, auch diese erbauende, erhebende Wirkung des Gesanges, der hier erschallt, wird, wenn wir in der Treue beharren, er, dessen Hand bisher über uns war, uns erhalten. Himmlischer Friede wird auch künftig hier über treuerfüllte Gemüther kommen, wenn unser Gesang für theure Dahingeschiedene ewige Ruhe erfleht; friedlich wird die heilige Schönheit hier auflösen und versöhnen alle harten Ge-

gensätze des Lebens, und wie unser Zelter einst gestand, daſs wenn er von schwerem Miſsgeschick getroffen nur erst wieder in seiner Sing-Akademie den Anfangs-Choral gehört, seine Seele sich auch wieder still zurechtgefunden in Gottes Fügung, so wird hier auch künftig in Herzen, die der Heilung bedürfen, Balsam träufeln aus den Zweigen des Lebensbaumes, den die Woge des heiligen Gesanges bewegt.

So laſst uns denn eingehen, theure Brüder und Schwestern, in die neue Zeit, hoffend auf den Segen dessen, der da gütig und freundlich ist, und ihm hingegeben, daſs er uns auch hier seine Rechte, das ist Glauben und Liebe und Treue lehre. Gleich dem mächtigen Strome des Gesanges, den heut beider Sing-Akademien vereinte Chöre erschallen lassen, möge der Geist heiliger Kraft diesen Verein fort und fort beseelen und in würdigem Gedeihen hintragen zu seines ersten Jahrhunderts Ende. Den Festtag, der dann aufgeht, Wenige von uns werden ihn sehen, aber im Geiste grüſsen wir schon heute das neue Geschlecht, welches dann in unsern Hallen auch dieses Tages gedenken wird, und wünschen auch ihm die wohlbegründete Zuversicht, mit der wir heute sprechen: Die Sing-Akademie wird gleich der deutschen Kunst unvergänglich sein.

Nach Beendigung dieser Hauptfeier um 8 Uhr begab sich die gröſsere Hälfte der Anwesenden nach dem englischen Hause, wo ein Festmahl bereitet war. Die Herren Braumüller, Kandelhardt, Klipfel und Lebrun hatten die Anordnung übernommen, und eine geschmackvolle Ausschmückung des groſsen Saales mit Gehängen und Blumengewinden veranstaltet, die Büsten von Fasch und Zelter waren einander gegenüber in den Wand-Nischen, umgeben von einem reichen Blumenflor, aufgestellt. Die Karten, mit welchen die Plätze bezeichnet waren, enthielten auf der Rückseite das eigends zu diesem Zweck angefertigte Bild des Sing-Akademie-Gebäudes zur Erinnerung an diesen Festtag. Das Mahl verlief nach Art der gröſseren Liedertafel-Versammlungen. Die Herren Spiker, Bornemann und Kalisch hatten Gedichte gebracht, die von den Herren Rungenhagen, Grell in Musik gesetzt waren, und von den zahlreich anwesenden Solo-Sängern und Sängerinnen kunstreich ausgeführt wurden. Mit ihnen wechselten nach den verschiedenen Beziehungen, in welchen sie zu den ausgebrachten Trinksprüchen standen, längere und kürzere Reden der Herren Rungenhagen, Hellwig, Lichtenstein, Ribbeck, Spiker u. A. Das ganze Fest erreichte im erwünschtesten Maaſse seinen Zweck, in allen Mitgliedern die Liebe zu dem schönen Verein, und die gegenseitige Befreundung und Anhänglichkeit in gemeinsamer voller Befriedigung zu erhöhen, und auf diese Weise die Summe der Bedingungen zu vermehren, auf welchen die Bürgschaften eines langen weiteren Fortbestehens beruhen.

Zum Gedächtniſs des Tages ward ein kunstreich verziertes Buch angelegt, in welches alle dermaligen Mitglieder nach der Reihefolge des Beitritts ihre Namen verzeichneten und in welchem auch fortan jeder neu Aufgenommene mit seinem Namen sich zu unserm Vereine bekennen soll.

Gesänge beim Festmahle.

————

I.

Steig' herab von Deinen Höhen,
Sei uns, freundlich waltend, nah,
Laſs uns Deinen Geist umwehen,
Heilige Cäcilia!
Daſs in unsrer Feier Klängen
Deiner Töne Himmel rauscht,
Und das Ohr den Fest-Gesängen,
Höh're Welten ahnend, lauscht!

Der des Werkes Bau gegründet,
Hatt' es heil'gem Grund vertraut,
Und in seinen Weisen kündet
Sich der Seele reinster Laut.
Was er, laut'ren Sinn's, erfunden,
Als Begeistrung ihn umschwebt,
Hat, bis auf des Tages Stunden,
Unvergänglich fortgelebt.

Und des Meisters weise Lehren
Hört des Schülers gläubig Ohr:
Rüstig hilft das Werk Er mehren,
Den der Gründer sich erkor.
Alle Völker, alle Zeiten
Leben in der Klänge Welt,
Und es hat, sie zu verbreiten,
Herz und Mund sich beigesellt.

Was die Meister sinnig schufen,
Hat in Tönen sich vollbracht,
Und zum Leben ward gerufen,
Was Jahrhunderte erdacht. —
Geist und Muth hat Das begonnen,
Was sich kräftig selbst genährt,
Funfzig Jahre sind verronnen —
Und das Werk hat sich bewährt!

Darum wird es wirken, leben,
Wie die ewig frische Kunst,
Wird sich selbst zu ehren streben,
Über allen Prunk und Gunst!
Die es sahen sich entfalten,
Die es um sich blühen sehn —
Laut ertön's von Jung und Alten'
„Auf des groſsen Werks Bestehn!"

S. H. Spiker und *C. F. Rungenhagen.*

II.

Solo. Beim Thurmbau war's zu Babylon,
    Da fuhr der Herr hernieder,
Verwirrend Text, wie Takt und Ton
    Der Paradieseslieder.
Chor. Sang Alles durch einander her,
Klang Alles über Kreuz und Quer.

Solo. Der Sang aus Dur, und der aus Moll,
    Dreiachtel und Vierviertel!
Das wilde Wasser überschwoll
    Der Uferdämme Gürtel.
Chor. Ein Lärmen war's, ein wüst Gebraus;
Kein Nachbar hielt's beim andern aus.

Solo.   Und als der Herr den Greuel sah,
      Liefs ab er vom Gerichte:
    Vom Himmel kam Frau Musika,
      Dafs sie das Wirrsal schlichte.
Chor.   Des Mifslauts Tiefen auf und ab
    Durchmifst sie still am Wanderstab.

Solo.   Und folgend ihrer Tritte Spur
      Die Toneswellen ziehen,
    Und sammeln sich durch Feld und Flur
      Zu Liedes Melodieen.
Chor.   Verschollen nun ist Schall und Schwall,
    Sich ebenend zu sanftem Fall.

Solo.   Erfinderisch, in Maafs und Ziel,
      Lernt Willkühr nun sich fügen,
    Und in des Wechsels heiterm Spiel,
      Den Widerstreit besiegen.
Chor.   Zur Freiheit Sangeskunst gedieh
    Durch das Gesetz der Harmonie.

Solo.   Und kräft'ger fühlt sich jede Brust,
      Von ihrem Strom getragen,
    Fühlt höher in des Einklangs Lust
      Des Athems Pulse schlagen.
Chor.   Ihr feiern wir vereinigt heut
    Das Jubelfest der Einigkeit.

          Kalisch und *C. F. Rungenhagen.*

III.

Io! hoch in iubilo!
Jauchzen wir heut seelenfroh.
Funfzig Jahre frisch und munter
Rollen heute berghinunter!
Schwenkt es sich noch einmal um,
Wird's ein volles Saeculum.
    Io, Io! Io, Io!
    Hoch in iubilo!

Aus dem Kleinsten ging hervor
Unser mächtig starker Chor.
Haben oft in bösen Tagen
Festen Muth's uns durchgeschlagen;
Sei's auch schlimmster Zeiten Lauf,
Tüchtiges bleibt obenauf!
    Io, Io! Io, Io!
    Hoch in iubilo!

Zogen ein und zogen aus
Bis wir bauten selbst ein Haus.
Neben prunkenden Gebäuden
Hebt es sich empor bescheiden;
Innen schallet für und für
Ein — Herr Gott dich loben wir!
    Io, Io! Io, Io!
    Hoch in iubilo!

Fasch — der Sanftmuth Ebenbild,
Zelter — rüstig krafterfüllt:
Was so zart einst angereget,
Hat die Stärke treu gepfleget,
Und der heil'ge Kirchensang
Sich errungen guten Klang.
    Io, Io! Io, Io!
    Hoch in iubilo!

Nicht aus Sang und Klang allein
Steigerte sich das Gedeihn!
Nur wo fromme Sitte waltet,
Lieb' und Freundschaft nicht erkaltet:
Da zu immer reicher'm Flor
Schwingt das Edle sich hervor.
    Io, Io! Io, Io!
    Hoch in iubilo!

Habt vor Augen fort und fort
Solch bedeutungsvolles Wort!
Könnet sonst nach hundert Jahren
Nicht zum Jubelfest Euch schaaren,
Kein — in dulci iubilo
Jauchzen herz- und seelenfroh.
    Io, Io! Io, Io!
    Hoch in iubilo!

          Anonymus und *E. Grell.*

Namen -Verzeichnifs der Personen,

welche

in den ersten 50 Jahren der Sing-Akademie angehört haben.

~~~~~~~~~~~~

A

Zur Erläuterung.

Es haben im Verlauf eines halben Jahrhunderts etwas mehr als 2000 Personen der Sing-Akademie angehört, von welchen am Tage des Festes ungefähr 600 noch wirkliche Mitglieder der Gesellschaft waren. Da von den nicht mehr Vorhandnen, zwei Drittheile als durch Tod oder Veränderung des Wohnorts unfreiwillig ausgeschieden nachgewiesen werden können, so ergiebt sich für die Übrigen eine, der Anstalt zu aller Ehre gereichende mittlere Dauer ihrer Mitgliedschaft.

Das nachfolgende Verzeichnifs, welches die Namen der bis zum 24. Mai 1841 aufgenommenen Personen nachweiset, hat seine Grundlage in den Präsenzbüchern, aus welchen nicht ohne grofse Mühe die einzelnen Notizen über Eintritt und Austritt, sowie über die Stimme, bei welcher jedes Mitglied thätig gewesen ist, zu entnehmen waren. Da indessen viele der älteren nach und nach unthätigen Mitglieder meistens schon vor ihrem Austritt in den Präsenzbüchern nicht mehr aufgeführt werden, und über viele derselben auch die Beitrags-Listen keinen Aufschlufs gewähren können, so hat sehr häufig die Dauer ihrer Mitgliedschaft nur aus dem Gedächtnifs und auf's Gerathewohl bestimmt werden können. Eine besondere Schwierigkeit lag auch in den Änderungen, welche bei den weiblichen Mitgliedern, wenn sie sich verheiratheten, der Name erfuhr, wobei es wohl geschehen sein kann, dafs Damen, die in einer frühen Zeit Mitglieder der Gesellschaft gewesen, und uns nicht mehr persönlich erinnerlich sind, in diesem Verzeichnifs doppelt aufgeführt erscheinen. Indessen mufste einmal zu vielerlei Zwecken ein solches General-Verzeichnifs angelegt werden, das sich von jetzt an immer in gleicher Ordnung fortsetzen liefse, und so wird es hier nicht allein zu einer angenehmen Erinnerung für die Mitglieder, sondern auch als ein weiterhin brauchbares Hülfsmittel für die Verwaltung mitgetheilt, und dabei gewünscht, dafs die gewifs noch zahlreichen Irrthümer durch die nunmehr von allen Seiten einzusammelnden Berichtigungen mögen gehoben werden. Es wird also ersucht, dafs jeder, dem solche Irrthümer bemerklich werden, dieselben nebst den dienlichen Berichtigungen schriftlich dem Vice-Director Herrn Grell mittheilen wolle. Schon bis jetzt sind folgende theils durch mangelhafte Angaben, theils durch Druckfehler entstandene Irrthümer zu unserer Kenntnifs gekommen:

Seite 1. Frau Arndt, statt Predigerin lies Professorin
- 8. - Dettmann, geb. Salomon, statt 1835 lies 1811
- 8. Fräul. Dettmann, statt 1811 lies 1835
- 13. statt Frau Griesheim lies Frau v. Griesheim
- 28. Herr Natorp, statt 1818 lies 1832
- 28. Fräulein Natorp, statt 1828 lies 1816
- 29. statt Frau L. Nicolai lies Fräulein L. Nicolai.

In dem Verzeichnifs der Solo-Sänger pag. XXXVI u. XXXVII sind noch nachzutragen:

für d. Jahr 1836 die Frl. Wühlisch und Stephan im Sopran,
  Frl. Lehmann im Alt u. Hr. Gabler im Bafs
- - - 1837 Frau Schneider im Sopran, die Hrn. Reuter
  u. Ritschl im Tenor u. die Hrn. Busolt u.
  Sassenhagen im Bafs
- - - 1839 Frl. Stümer im Sopran
- - - 1840 Frl. Rofs im Sopran u. Frl. Hähnel im Alt
- - - 1841 Hr. Kotzolt im Tenor
- - - 1842 Hr. Schäffer im Tenor u. Hr. v. Reufs im Bafs.

NAME	TITEL		EINTR.	AUSTR.
A				
H. Abich	Doctor Phil.	B	1829	1837
Fr. Abich, geb. Klaproth	Berg-Räthin	S	1807	
Frl. Abich		A	1835	
H. Ackermann	Doctor Medic.	T	1837	
Fr. Ackermann, geb. Lebrun		S	1838	1838
H. Adam	Kammer-Musikus	B	1793	1799
H. Adelung	Cantor	B	1799	1799
H. Albers		B	1840	
Fr. Alberti	Staats-Räthin	A	1794	
Fr. Albrecht, geb. Ermeler		S	1832	1838
Frl. Albrecht I.		S	1833	†1838
Frl. Albrecht II.		A	1833	
Frl. Alexander I.		S	1806	1806
Fr. Alix, geb. Hoffmann		A	1840	
H. Alsleben		B	1833	
H. Althaus	Doctor Philosoph.	T	1834	
H. Altmann		T	1811	1811
Frl. Altmann		S	1833	
H. v. Alvensleben		B	1836	
Frl. v. Alvensleben		S	1812	1814
H. Ambrosch	Königlicher Sänger	T	1810	1817
H. Amelang	Geheimer Rath	B	1804	1809
Frl. Amelang I.		S	1801	†1806
Frl. Amelang II.		S	1801	1804
Frl. v. Ammon		S	1812	1814
Fr. Anders	Predigerin	S	1820	1829
Frl. Andresse		A	1812	†1833
H. Andriesen	Doctor Medic.	B	1824	1828
H. Angely	Hof-Staats-Secretair	T	1798	1809
H. Annuske		B	1837	1837
Fr. v. Arnauld, geb. Müller		S	1813	†1833
Fr. Arndt, geb. Schleiermacher	Predigerin	S	1809	1813
Fr. v. Arnim, geb. v. Brentano		A	1810	1812
Fr. v. Arnstein		S	1794	1794
Frl. v. Arnstein		A	1802	1802
H. Ascherson	Doctor Med.	B	1833	1836
H. Afsmann	Conducteur	B	1808	1808
H. Auerswald	Hofrath	T	1812	1829
Frl. Auerswald		S	1819	1829
Fr. August, geb. Fischer	Gymnasial-Directorin	S	1810	1838
H. Avianus	Stud.	T	1832	1833

NAME	TITEL		EINTR.	AUSTR.
B				
H. v. Babo	Stud.	T	1814	1816
H. v. Bach	Stud. Jur.	B	1832	1840
H. Bach	Musik-Direktor	B	1815	
Fr. Bach, geb. Koch		A	1817	
Fr. Bachmann	Sängerin	S	1791	1817
Frl. Bade		A	1830	1830
H. Bader	Königlicher Sänger	T	1820	
Fr. Bading	Rendantin	A	1805	1806
Frl. v. Bärensprung, Sophie		A	1836	
Frl. v. Bärensprung, Mariane		A	1836	
H. Balan	Kaufmann	B	1807	1809
Frl. Balan		A	1806	1826
H. Baldemann	Küster an der Domkirche	B	1838	
Frl. Balk		S	1811	1811
Frl. Bando		A	1833	
Frl. Barandon		S	1799	1813
Frl. Barbiez		S	1806	1823
Frl. Bardua		S	1820	1825
H. Barez	Cand.	T	1809	1812
H. Bargiel	Musiklehrer	B	1827	1837
Fr. Bargiel		S	1827	
Frl. v. Barleben		A	1804	1806
Frl. v. Bassewitz		S	1822	1823
Frl. Bartikow		S	1813	1814
H. Bath	Lehrer	B	1836	1839
Frl. v. Batzkow		A	1823	1825
H. Bauer	Prediger	T	1826	1831
H. Bauer	Stud. Theol.	B	1833	1836
Frl. Bauer		S	1796	1800
H. Baum	Doctor	T	1829	1830
H. Baumann	Maler	T	1836	1839
H. Baumeister		B	1820	1821
H. Baumer	Kammer-Musikus	T	1794	1794
H. v. Beaulieu		B	1823	1824
H. Bechtold	Kriegs-Rath	B	1803	1831
Frl. Becherer		S	1833	1840
Frl. Beck, Ernestine		A	1834	
Frl. Beck, Johanna		A	1837	
Frl. Becker I.		A	1809	1811
Frl. Becker II.		S	1811	1812
H. Meyer Beer (Meierbeer)	Kapell-Meister	AB	1805	
H. Heinrich Beer	Particulier	AB	1805	

NAME	TITEL		EINTR.	AUSTR.
H. Wilhelm Beer	Geheim. Commerz-Rath	B	1812	1831
Fr. Beer, geb. Meyer		S	1814	1834
Frl. Beerbaum I.		A	1809	1811
Frl. Beerbaum II.		A	1809	1820
H. Beeskow	Küster an der Petri-Kirche	B	1801	† 1810
H. Behm	Candidat	T	1836	1837
H. v. Behr	Stud.	B	1837	1839
Fr. Behr, geb. Bock	Doctorin	S	1830	
H. Behrend		B	1831	
Fr. Behrend		S	1829	1837
Frl. Behrend I.		S	1797	1798
Frl. Behrend II.		A	1822	1822
Frl. Behrens		S	1834	
H. Bellermann	Professor	T	1814	
H. v. Benda		B	1833	1837
H. Benda	Hofrath (Rendant)	B	1809	
Frl. v. Benda		A	1839	
Frl. Benda I.		S	1829	1833
Frl. Benda II.		S	1834	1839
Frl. Bendemann		A	1814	1819
Fr. Bennewitz	Doctorin	A	1832	1833
H. Bercht		B	1835	1836
Fr. Berduschek	Predigerin			
Frl. Berg		A	1831	1836
H. Berger	Musiklehrer	B	1803	1804
H. Bergmann	Kriegs-Rath	B	1807	1808
Frl. Bergmann		A	1830	1832
Fr. Bergling		S	1794	1804
H. Bernard	Apotheker	B	1833	
Frl. Bernard I.		A	1805	1808
Frl. Bernard II.		A	1806	1813
H. Berndt		T	1812	1814
Fr. Bernhard, geb. Behrens		S	1829	1831
Frl. Bernoulli		S	1798	1799
H. Graf v. Bernstorff I.		B	1824	1831
H. Graf v. Bernstorff II.		B	1826	1830
Fr. Gräfin v. Bernstorff		S	1829	1831
Fr. v. Bernuth, geb. Meyer		S	1827	1831
Frl. v. Bernuth		S	1837	
H. Beschort	Königlicher Schauspieler	T	1805	
Frl. Beschort		A	1830	
H. v. Besser	Lieutenant	B	1835	1836
H. Besser	Buchhändler	T	1837	
Fr. Besser, geb. Reichhelm		S	1836	

NAME	TITEL		EINTR.	AUSTR.
H. Bethke	Lehrer	T	1801	1807
H. Bethman-Holweg	Geh. Justiz-Rath	B	1816	1829
Fr. Bethman-Holweg		A	1821	1829
H. Betschler	Professor	T	1825	1826
H. Beuth	Wirkl. Geheim. Reg. Rath	T	1805	1826
H. Bever	Stud.	B	1828	1829
H. v. Beyer	Kammergerichts-Rath	B	1807	† 1828
H. v. Beyer	Oberst	B	1809	1834
H. v. Beyer	Stud.	B	1826	† 1827
H. Beyer	Kriegs-Rath	T	1791	1814
H. Beyer	Geheim-Secretair	T	1793	1795
H. Beyer	Lotterie-Director	T	1810	1815
Fr. v. Beyer, geb. Hueser		S	1814	1826
Frl. v. Beyer, Minette		A	1811	1830
Frl. v. Beyer, Emilie		S	1811	1830
Frl. Beyrich, Henriette		S	1800	1806
Frl. Beyrich		A	1804	1812
Frl. Bieske		S	1836	
H. Biester		A	1804	1806
H. Bindemann	Lehrer	T	1837	
H. Birnbach	Musiklehrer	T	1801	1801
H. Bischoff	Musikus	T	1837	
H. Bischkopf		T	1835	
H. Bitter	Regierungs-Assessor	B	1831	1839
Frl. v. Blanc		S	1826	1828
Frl. Blanc		S	1822	
H. Blanck	Kaufmann	B	1800	1824
Frl. Blanck		A	1793	
Frl. Caroline Blancke		A	1802	1811
H. Blankenburg	Doctor Medic.	T	1840	
Frl. Blesson		S	1836	
H. Bloch	Hof-Agent	T	1825	
Fr. Bloch, geb. Leo		A	1815	1833
H. Blüher		B	1812	1813
H. Blume	Stud.	B	1807	1819
H. Blume		B	1836	1839
H. Bock		T	1834	1835
H. Bode	Chef-Präsident	T	1814	1841
Fr. Bode, geb. Neubronner		S	1797	1802
Frl. Bode, Emmeline		S	1793	1796
Frl. Bode, Caroline		A	1801	1813
H. v. Bodelschwing	Landrath	B	1822	1823
Frl. Böheim		S	1795	1801
Frl. v. Böhmer		S	1805	1807

NAME	TITEL		EINTR.	AUSTR.
H. Börner	Cantor	T	1834	1838
H. Böttcher	Geh. Kanzlei-Secretair	B	1834	
H. Bötticher	Königlicher Sänger	B	1831	
Frl. Ida Bötticher		S	1832	1836
H. v. Boguslawsky	Kammergerichts-Assessor	B	1826	1830
H. v. Bonin		B	1836	1839
H. v. Bonin	Lieutenant	T	1840	
H. Bonte		A	1794	1796
Fr. Borck, geb. Bußler		A	1818	1824
Frl. Borck		S	1838	
Frl. v. Borcke		S	1840	
Fr. v. Borne		A	1826	
H. Bornemann I.	Gen. Lotterie-Director	B	1801	
H. Bornemann II.	Gymnasial-Lehrer	T	1824	1830
H. Bornemann III.	Divisions-Auditor	T	1824	1834
H. Bornemann IV.	Prediger	T	1827	1833
Frl. Bornemann		S	1802	1804
H. Bossart		T	1811	1812
Frl. Bote		A	1835	1838
H. Bothe	Informator	B	1798	1799
H. Bothe	Doctor	T	1806	1814
Frl. Bouffier		S	1835	
H. Bouillion	Sänger	T	1837	1840
H. Boule	Kaufmann	B	1804	1804
H. Boy	Informator	B	1804	1805
H. v. Brandel	Schwedischer Gesandter	B	1822	† 1828
Fr. v. Brandenstein	Hauptmännin	S	1798	1804
Frl. v. Brandenstein		S	1799	1804
H. Brandes	Doctor Philos.	T	1837	
Fr. Brasch, geb. Spener		S	1805	1817
H. Brassert		S	1794	1794
H. Brassert	Geh. Ober Trib. Rath	B	1813	1814
H. v. Brassier	Geh. Legations-Rath	T	1822	1825
Frl. Bratke		S	1831	1839
H. Braumüller	Kammergerichts-Assessor	B	1826	
Frl. Braumüller		S	1835	1838
H. Braun	Schul-Director in Coblenz	B	1810	1812
H. Braun	Kammer-Musikus	T	1836	
Fr. Braun, geb. Fischer		S	1801	1812
Frl. Braun		A	1838	
H. Braune	Musikus	B	1832	
Fr. v. Bredow, geb. Döring		S	1831	1835
H. Brese	Auscultator	T	1807	1831
H. Breßler		T	1835	1836

NAME	TITEL		EINTR.	AUSTR.
H. Briesen	Lieutenant a. D.	B	1535	1836
Frl. v. Britzke		A	1809	1812
Frl. v. Bronikowska		S	1832	
H. Brose, Eduard	Kammergerichts-Assessor	T	1822	1832
H. Brose, Wilhelm	Banquier	T	1825	
Fr. Brose, geb. Fetschow		S	1803	1804
Fr. Brose, geb. Karsten		S	1808	1814
H. Bruch	Referendar	T	1829	1832
H. Brüggemann		B	1832	1834
H. Graf v. Brühl	Wirkl. Geheimer Rath	B	1793	† 1837
Fr. Gräfin v. Brühl		S	1822	1835
Fr. Brüstlein, geb. Jordan		S	1819	1830
Fr. Brusselin		S	1796	1797
H. Bublitz	Stud.	T	1834	1836
Fr. v. Budberg		S	1813	1817
Fr. Bueck		A	1820	1823
Fr. Bürde, geb. Milder	Professorin	S	1824	1831
H. Bürkbüchler	Organist	B	1836	
Fr. Büsching	Professorin	S	1804	1805
Frl. Büsching, Betty		S	1825	1827
Frl. Büsching, Emma		S	1825	1839
Frl. Burghalter		A	1819	1819
Frl. v. Burgsdorff		A	1813	1816
H. Burchard	Kaufmann	T	1836	1836
H. Burkhard	Kaufmann	T	1834	
Fr. Burnat		S	1798	1799
Frl. Burrucker		S	1837	
Frl. v. d. Busche		S	1823	1823
Frl. Busse		S	1826	1835
H. Bussler	Hof-Staats-Secretair	B	1800	† 1823
H. Bussler	Hof Marschall Amts R.	B	1831	1838
Fr. Bussler, geb. Krüger		S	1811	† 1816
Frl. Bussler		A	1836	
H. Busolt	Gutsbesitzer	B	1820	1839
H. Buttmann	Prediger	B	1827	
Frl. Buttmann		A	1819	† 1821
Frl. Butze		S	1801	1801
Frl. Butze		S	1832	1840

C

Fr. v. Calbo		S	1824	1825
Frl. Calix I.		S	1796	1797
Frl. Calix II.		S	1796	1798

NAME	TITEL		EINTR.	AUSTR.
H. Callmeier		B	1837	1840
Fr. v. Caprivi, geb. Köpke	Ob. Landes Ger. Räthin	A	1830	1832
Fr. Gräfin v. Carmer		S	1840	1841
H. Caspar	Geheimer Medizinal-Rath	T	1810	1825
Fr. Caspar, geb. Robert		S	1814	1825
H. Caspari	Geheim-Secretair	T	1834	
Frl. Caspari		A	1832	
Fr. Catel, geb. Schiller		A	1801	1810
Frl. Cavan I.		S	1814	† 1833
Frl. Cavan II.		S	1822	† 1834
Fr. v. Chapuis, geb. Jouanne		S	1831	1835
H. Chifflar	Portrait-Maler	B	1802	1802
H. Chodowiecki	Musiklehrer	B	1831	
Fr. Chodowiecki, geb. Reclam		A	1831	
Fr. Chorus, geb. v. Blanc	Majorin	S	1826	1829
H. Claudius		T	1814	1815
H. Clemen	Geheim-Secretair	B	1793	1793
Frl. Clemen		S	1791	1792
Fr. Clodius, geb. Witthauer		S	1811	1812
H. Cohen	Doctor	B	1822	1823
Fr. Collins, geb. Mosqua		S	1822	1827
H. Commer	Musikus	B	1835	1836
H. Conradi	Musikus	B	1838	1840
Frl. Convoy		A	1835	1839
H. Corty	Musikus	T	1837	1840
H. v. Courbiere	Lieutenant	B	1830	1833
H. Craelius	Kammer-Sänger	T	1801	1802
H. v. Cranach	Stud. jur.	T	1840	
H. Cranz	Buchhändler	T	1834	1837
Fr. Crelinger, geb. Düring	Königliche Schauspielerin	S	1814	1818
H. Crelle	Geh. Ober-Bau-Rath	B	1809	1834
H. Croll		T	1805	1807
Fr. Croll		A	1836	
H. Cubelius	Kammer-Musikus	B	1813	
Frl. Cubelius		S	1836	
H. Curschmann	Componist	T	1836	
Fr. Curschmann, geb. Behrend		S	1836	
H. Curtius		T	1836	1837

D

NAME	TITEL		EINTR.	AUSTR.
H. v. Dacheröden	Kammerherr	T	1832	1839
H. Dähling	Maler	B	1838	
Fr. Dähling geb. Kolbe	Professorin	S	1820	

NAME	TITEL		EINTR.	AUSTR.
Frl. Dähling		S	1838	
Fr. Dälicke, geb. Seydel		A	1813	
H. Daffis	Kaufmann	T	1834	
H. Dammas	Musikus	T	1837	1840
H. Graf v. Danckelmann		B	1816	1817
Frl. Gräfin v. Danckelmann		S	1816	1817
H. Danefield	Calculator	T	1801	†1804
Fr. Dannenberg		S	1834	
H. Debeau	Kammergerichts-Refernd.	T	1807	1807
Fr. Decker	Kriegs-Räthin	S	1796	1819
Fr. Decker, geb. v. Schätzel		S	1829	
H. Delbrück	General-Superintendent.	T	1802	1810
H. Delbrück	Kammergerichts-Assessor	B	1832	1837
H. Delley		B	1794	1794
Frl. Delius		A	1792	1793
H. Desmann		B	1791	1793
Frl. Dethmar		A	1813	1814
Frl. Detring		S	1835	1839
H. Detmann	Kaufmann	T	1803	1829
Fr. Dettmann, geb. Salomon		S	1835	
Frl. Dettmann		A	1811	
H. Dettmold	Kaufmann	T	1803	
H. Devrient	Königl. Schauspieler	B	1818	
Fr. Devrient, geb. Schlesinger		S	1819	1825
Frl. Diekmann	Sängerin	S	1836	1838
Frl. Diesterweg		S	1837	1838
Fr. Dietrich, geb. v. Löder		S	1823	
Frl. Dietrich I., später verehl. v. Hausen	Majorin	S	1790	1801
Frl. Dietrich II.		S	1801	1801
Frl. Dietrich III.		S	1801	1806
H. Diettenhöfer		B	1797	1798
Fr. Dirichlet, geb. Mendelsohn	Professorin	S	1828	1833
H. Ditmar	Doctor	B	1823	1824
Fr. Dittmar, geb. Salomon		S	1833	1837
H. Döllen	Candidat	B	1828	1830
H. Dönnich	Referendar	T	1801	1806
Fr. Dönnich, geb. Rosenstiel		S	1801	1808
Frl. Dönnich		A	1798	1827
Frl. Dorn		S	1825	1830
Fr. Doussin, geb. Barbiez		S	1806	1822
Fr. Dracke, geb. Schwan		S	1801	1824
H. Drege	Stud.	T	1800	1801
H. Dreist	Prediger in Schmiedeberg	T	1813	1820
H. Dreschke		T	1830	1839

NAME	TITEL		EINTR.	AUSTR.
Fr. v. Drewitz		A	1822	1832
Frl. v. Drygalsky		S	1840	1840
Fr. Dubois, geb. Henry		S	1800	1824
Frl. Dubois		A	1806	† 1812
H. Dunckel		T	1814	1818
H. Duncker	Buchhändler	B	1808	
H. Alex. Duncker	Buchhändler	B	1832	1837
Fr. Duncker, geb. Liebert		S	1833	1837
Frl. Dutitre		S	1813	† 1819
Fr. Dzimsky, geb. Giesemann		S	1813	1816

E

NAME	TITEL		EINTR.	AUSTR.
H. Ebel		T	1798	1799
Frl. Eben (nachmals Geh. R. Bethe)		S	1799	1803
H. Ebert		T	1794	1794
H. Ebert	Doctor	T	1837	1838
Frl. Ebert		A	1837	
H. Eberwein	Kapell-Meister	T	1809	1809
H. Eberwein	Stud. Mus.	B	1831	1834
H. Eckart		T	1796	1797
Fr. Eckart, geb. Habel		A	1829	1832
H. v. Eckenbrecher I.	Kammergerichts-Assessor	B	1828	
H. v. Eckenbrecher II.	Doctor Philos.	B	1830	1833
H. Eckert	Kammer-Musikus	T	1832	1839
H. Ehrbard	Referendar	T	1796	1797
H. Eichberg	Musiklehrer	B	1836	1836
H. Eichberger	Königlicher Sänger	T	1838	
Fr. Eichelberg, geb. Helm		A	1836	1838
Frl. Eil		S	1838	
H. Eimbeck	Kammergerichts-Assessor	T	1835	1839
Frl. Einsiedler		A	1840	
Fr. Eiselen, geb. Bornemann		A	1812	1818
H. Eisemann	Musiklehrer	B	1836	
Frl. Eisendecher		S	1805	1807
Frl. Elin		S	1830	
H. Eltester		B	1837	1840
Frl. Eltester I.		A	1813	1819
Frl. Eltester II.		S	1814	1819
Frl. Enck		S	1827	1827
H. Engel		T	1835	1836
Frl. Engel		A	1820	1840
H. Ephraim		B	1804	1805

NAME	TITEL		EINTR.	AUSTR.
Frl. Epple......................	....	A	1835	1840
H. Erard	Auditeur	T	1805	1805
H. Erck	Seminarlehrer	B	1836	
H. v. Erhard..................	Lieutenant...........	B	1837	
Fr. v. Erhard, geb. Bode.............	Oberst-Lieutenantin ...	S	1807	
H. Erich	Lieutenant...........	B	1836	
Fr. Erich.....................	....	A	1836	
Frl. Ermeler	....	S	1821	†1826
H. Ernst.....................	Referendar	T	1839	
Fr. v. Ernsthausen, geb. Meyer	....	A	1814	1827
H. Eunicke	Königlicher Sänger	T	1810	
Frl. Eversmann.................	....	S	1825	

F

NAME	TITEL		EINTR.	AUSTR.
Fr. v. Fabeck	General-Majorin	A	1821	1830
Fr. Fälligen, geb. Kupfer	....	S	1824	1833
H. Falk	Justiz-Rath	B	1801	1808
Frl. Falkenberg	....	S	1829	1831
Frl. Falkmann..................	....	S	1800	1807
H. Fasch.....................	Musik-Direktor	T	1790	†1800
Fr. v. Faſsmann	Königliche Sängerin....	S	1838	
H. Fehmer	Stud................	T	1819	1820
Fr. v. Felden..................	Majorin	S	1826	1833
H. Feldmann	....	B	1795	1795
H. Felgentreff	Canzlei-Director	T	1804	1832
Frl. Felgentreff.................	....	S	1826	1832
H. Felgentreu..................	....	T	1824	1825
Frl. Ferber....................	....	S	1792	1797
Frl. Ferber....................	Königliche Sängerin....	S	1830	1838
Frl. Fesca....................	....	A	1839	
H. Finck	Buchhändler	T	1820	1821
Fr. Finck, geb. Bötticher	....	S	1831	†1835
H. Graf v. Finckenstein I.............	....	B	1795	1799
H. Graf v. Finckenstein II.............	....	T	1797	1799
Frl. Gräfin v. Finckenstein I..........	....	S	1796	1799
Frl. Gräfin v. Finckenstein II..........	....	A	1797	1799
Frl. Firmenich	....	S	1840	1841
Frl. Fischbach..................	....	S	1806	1819
H. Fischer	Königlicher Sänger	B	1792	1793
H. Fischer (Sohn)................	Königlicher Sänger	AB	1793	1796
H. Fischer	Professor............	B	1813	†1841
Fr. Fischer	Königliche Sängerin....	A	1792	1793
Fr. Fischer, geb. Reinhold	Majorin	A	1828	

NAME	TITEL		EINTR.	AUSTR.
Fr. Flamminius, geb. Clemen	Geh. Justiz-Räthin	S	1791	1792
H. Fleischer	Hofrath	B	1830	1834
Fr. Fleischer		S	1830	1836
H. Flemming	Doctor Medic.	B	1803	† 1813
Fr. Flittner, geb. Krause		S	1794	1798
Frl. Flügge		S	1810	1811
H. Focke		T	1801	1804
H. Focke		B	1839	1840
H. Förster	Doctor	B	1817	1824
Fr. Förster, geb. Gedicke		S	1813	
H. Fortlage		B	1826	1828
Fr. Fournier, geb. Müller		S	1793	1798
Fr. Fournier	Predigerin	A	1829	1836
Frl. Francius		A	1813	1814
H. Francke	Cantor	B	1794	1795
Fr. Gräfin v. Franckenberg		S	1802	1803
H. Franz		T	1826	1826
Fr. Fregevize	Professorin	S	1822	1824
Fr. Freitag, geb. Windhorn		S	1801	1812
Frl. Freund		S	1800	1803
Frl. Freyschmidt		S	1810	1812
Frl. Freyschmidt		S	1813	1814
Fr. v. Freystedt, geb. Hauchecorne		A	1800	1804
Fr. Freytag, geb. v. Haak		S	1799	1803
Frl. Freytag		S	1826	1827
H. Frick	Referendar	B	1802	1806
H. Frick		B	1808	1809
Frl. Frick I.		S	1808	1809
Frl. Frick II.		A	1810	1827
Frl. Frickel		S	1828	1835
H. Friedel		T	1834	1837
Fr. Friedenthal, geb. Schlesinger		A	1826	1828
Fr. Friedheim, geb. Liebert	Doctorin	S	1835	
Fr. Friedländer, geb. Reifsert		S	1830	
Frl. Friedländer		A	1837	
Fr. Friedmann, geb. Benda		A	1830	
H. Friedrich	Rendant	T	1813	1815
H. Friedrich		B	1836	1836
Frl. Fritzsch		A	1807	1808
H. Fromm	Auditeur	T	1801	1803
Frl. Fromm		S	1795	1796
H. Froriep	Professor	B	1808	1808
H. Fürst	Banquier	B	1830	
Fr. Fürst		S	1830	

NAME	TITEL		EINTR.	AUSTR.
H. Fugger	Doctor Med.	B	1831	
H. Funck		T	1813	1814
H. Funck	Stud. Jur.	T	1839	
Fr. Funck, geb. Clausius		S	1798	1807
Fr. Funck, geb. Detring		S	1830	1840
H. Fux		B	1792	1793
G				
H. Gabriel	Stud. Theol.	B	1838	1840
Fr. Gadebusch, geb. Metzner		A	1809	1813
H. Gaebler	Stud. Jur.	B	1832	1833
H. Gaede	Geheim-Secretair	T	1808	1812
H. Gallmeyer		B	1838	1840
Frl. Ganz		S	1833	1838
H. Garvens	Stud. Med.	T	1837	1838
Frl. Gebhard		S	1800	† 1808
H. Gedicke	Kammergerichts-Rath	B	1806	† 1839
Fr. Gedicke, geb. Marcuse		S	1803	
H. Geisheim		B	1833	1834
Frl. Gensch, Bertha		S	1834	
Frl. Gensch, Aline		A	1836	
Frl. George (nachmals Fr. Chodowiecki)		S	1793	1794
Frl. George		S	1808	1812
Fr. Geppert, geb. Bethe		S	1833	1833
H. Gerber		T	1793	1794
H. v. Gerhard		B	1825	1832
Frl. v. Gerhard		S	1830	1833
Frl. Gerhard		S	1835	
H. Gericke		B	1834	
Frl. Gericke		S	1838	1840
H. v. Gerlach		T	1817	1819
Fr. v. Gerlach	Präsidentin	A	1799	1803
Frl. Gerlach		S	1815	1816
H. Germershausen	Kaufmann	B	1807	1817
H. Gern	Königlicher Sänger	B	1801	† 1830
H. Gern (Sohn)	Königlicher Schauspieler	B	1807	1810
Frl. Gern		A	1802	1804
Frl. Gern (nachmals Fr. Fricke)		A	1838	1839
H. Gersdorff	Cantor	B	1797	† 1807
H. Gertich		T	1800	1800
H. Geyer	Lehrer	B	1836	
Frl. Gibsone		S	1812	1817
Fr. Gierke, geb. Flöricke		A	1826	1839

NAME	TITEL		EINTR.	AUSTR.
H. Giesemann	Geheim-Secretair	T	1805	† 1822
H. Glaser	Geheim-Secretair	B	1796	1799
H. Gleim	. . . .	B	1836	1836
Frl. Göcking.	. . . .	A	1801	1804
Frl. Gödeking	. . . .	A	1835	
H. Göpp	Fabrikant	B	1804	1806
Frl. Görwitz	. . . .	S	1808	1808
H. Göschen.	Professor	T	1832	1840
Fr. v. Göschen	. . . .	A	1832	1832
Fr. Goldschmidt	. . . .	A	1830	
Fr. Goldschmidt, geb. v. Willich	. . . .	S	1834	1838
Frl. Goldsticker.	. . . .	S	1817	1820
H. Gollmert	. . . .	B	1837	1838
Frl. Goltz	. . . .	A	1798	1800
Frl. Goroncy.	. . . .	S	1826	1827
Frl. Goslar	. . . .	S	1799	1799
H. Gottheiner.	Kammerger.-Referendar.	B	1824	1834
H. Gotthold	Referendar.	T	1801	1804
H. Gradolff.	. . . .	T	1793	1795
H. Gräfe.	Musiklehrer	T	1803	1805
H. v. Gräfe	Geheimer Med.-Rath . . .	B	1811	1814
Fr. v. Grävenitz.	. . . .	S	1810	1810
Frl. Graf	. . . .	S	1801	1804
Frl. Graff	. . . .	A	1831	1840
H. Grahl.	Musikus	B	1797	1799
H. Grahl.	. . . .	T	1820	1830
Fr. Grahl	. . . .	A	1820	† 1821
H. Grapengießer	Doctor Med.	T	1802	1807
Frl. Grapengießer.	. . . .	S	1803	1807
H. Grasnick	Candidat der Theologie.	T	1831	
H. Graßboff	. . . .	T	1808	1822
Frl. Graziani	. . . .	A	1791	1792
Frl. Green	. . . .	A	1833	1834
H. Greisen	. . . .	B	1832	† 1836
H. Grell I.	Geheim. Registrator	T	1794	† 1826
H. Grell II.	Prediger	T	1809	† 1821
H. Eduard Grell	Musik-Director	B	1817	
Fr. Grell, geb. Karbe	Predigerin	A	1804	1821
Fr. Griesheim, geb. Meyer	. . . .	S	1829	1835
Fr. Gröb, geb. Gerst	. . . .	A	1834	
H. Gröbenschütz	Doctor Med. u. Physicus	T	1838	1838
Fr. Gröbenschütz, geb. Kluge.	. . . .	S	1832	1838
Frl. Gröbenschütz	. . . .	S	1834	

NAME	TITEL		EINTR.	AUSTR.
Frl. v. Gröning		S	1806	1811
Fr. v. Grollmann, geb. v. Gerlach		S	1799	1803
Frl. v. Grollmann		S	1833	
H. Grofse	Lehrer	T	1794	1800
H. Grofse	Musikbeflissener	B	1836	†1837
Fr. Grofsheim	Doctorin	S	1836	
H. Grua	Königlicher Schauspieler	B	1835	
H. Gruel	Stud.	T	1828	1830
H. Grünbaum	Sänger	T	1833	1836
Frl. Grünbaum	Königliche Sängerin	S	1835	
H. Grützmacher	Lehrer	B	1839	
Fr. Gruner, geb. Humbert		S	1820	1827
Fr. Gubitz, geb. Fleck	Professorin	S	1809	1825
Frl. Günther, verehl. Baum		A	1826	1830
H. Güterbock	Kaufmann	T	1839	
H. Guhrauer	Stud. Jur.	B	1839	1840
H. Graf v. Guillac		B	1796	1797
Fr. Gützlaff		S	1797	1798
H				
Frl. Haake		S	1797	1804
Frl. Haake		S	1802	1803
H. Haas	Justiz-Commissarius	B	1821	1822
Frl. Haas		A	1811	1812
H. v. Haber	Doctor	B	1832	1837
Fr. v. Haber, geb. Berens		S	1828	
H. Graf Hacke		B	1839	
Fr. v. Häseler, geb. v. Sydow		A	1814	
Frl. Hagedorn		S	1835	1836
Fr. Gräfin v. Hagen		S	1804	1810
Frl. Gräfin v. Hagen, verehel. v. Tronchin		S	1804	1810
H. Hagen	Referendar	T	1802	1806
H. Hagen		T	1825	1832
H. Hagen		T	1834	1836
Fr. Hagen, geb. Wolff		A	1825	1833
Fr. Hagemann, geb. Hauchecorne	Amts-Räthin	A	1810	1810
Frl. Hagen		S	1816	1817
H. Hahn	Professor	T	1807	1809
H. Hahn	Professor	T	1829	1833
Fr. Hahn, geb. Kurs		S	1833	1838
Frl. v. Halle		S	1814	1814
Frl. Hallervorden, Henriette		A	1837	
H. Hansmann		T	1792	1793

NAME	TITEL		EINTR.	AUSTR.
H. Hardege	Doctor	T	1802	1804
H. Harnecker		B	1813	1818
H. Harnecker		B	1835	1836
Frl. Hartig		S	1813	1816
H. Hartkäs	Musiklehrer	T	1819	1823
H. Hartung I.	Professor	B	1791	† 1839
H. Hartung II.	Cantor	B	1798	1803
Fr. Hartung	Professorin	S	1799	. 1804
Fr. Hartung, geb. Hartung		S	1799	1816
Frl. Hartwig		A	1840	
H. Hauchecorne	Referendar	T	1814	1816
Frl. Hauchecorne		A	1807	1809
H. Hauck	Doctor Medic.	B	1832	1834
H. Hauer	Lehrer	T	1836	
Frl. Haugk		A	1836	
Frl. Elisa Haupt (nachmals Fr. Prof. Rose)		S	1835	
Fr. v. Hausen, geb. Dietrich	Majorin	S	1790	1801
H. Hauser	Sänger	B	1836	
Fr. Hecker	Professorin	A	1825	
Frl. Hildeg. Hecker I.		A	1824	
Frl. Hecker II.		A	1829	1839
Frl. Hedemann		S	1838	
Fr. Hegel	Professorin	S	1826	1830
H. Hegewald	Regierungsrath	B	1820	1827
Frl. Heidepriem		S	1836	
Frl. Heim		S	1801	1802
H. Heinart		T	1806	1807
H. Heinemann		T	1836	
Frl. Heinemann		S	1835	1836
Frl. Heiner		S	1801	1804
H. Heinrich	Königlicher Sänger	T	1837	
H. Heintz		B	1836	
H. Heintz		T	1840	
H. Heise		B	1792	1798
Frl. Helling		A	1809	† 1833
H. Ludwig Hellwig	Musik-Director	T	1793	† 1838
H. Hellwig	Justiz-Rath	B	1800	1827
H. Friedrich Hellwig	Legationsrath	AB	1814	1832
H. Carl Hellwig	Apotheker	B	1824	
H. Otto Hellwig	Referendarius	B	1829	† 1831
H. Georg Hellwig	Referendarius	B	1835	
Fr. Hellwig, geb. Jachtmann		S	1796	1818
Fr. Hellwig, geb. Jordan	Musik-Directorin	S	1808	
Fr. Elisabeth Hellwig, geb. Hellwig	Legationsräthin	A	1834	

NAME	TITEL		EINTR.	AUSTR.
Fr. Hellwig, geb. Pochhammer	....	A	1805	† 1839
Frl. Anton. Hellwig	....	A	1835	
Frl. Math. Hellwig	....	S	1836	
H. Helms	....	T	1794	1794
Fr. Helms, geb. Kreuz	....	S	1810	1831
H. Hendeß	....	T	1820	1820
H. Henneberg	Geh. Justiz-Rath	B	1797	† 1836
Fr. Henneberg, geb. Troschel	....	S	1793	
Frl. Anton. Henneberg	....	A	1824	1826
H. Henneman	....	T	1837	1839
H. v. Henning	Professor	B	1823	1840
Fr. v. Henning, geb. Krutisch	....	S	1822	
H. Henry	....	B	1809	1813
Fr. Henry	....	A	1800	† 1809
Frl. Henry	....	A	1835	1838
Fr. Hentschel, geb. Hauchecorne	....	S	1799	1804
Fr. Hensel, geb. Mendelsohn	....	S	1820	1833
Fr. Herbst, geb. Unzelmann	....	S	1804	1805
Frl. Herdt	....	S	1806	1807
H. Hering	....	B	1837	1839
Frl. Herms	....	S	1838	
H. Herrosee	....	B	1794	1795
H. Herrmanni	....	B	1827	1830
Frl. Sophie Hertel	....	S	1836	1840
Frl. Louise Hertel	....	A	1836	
H. Herz	....	B	1809	1809
Frl. Herz	....	A	1813	1814
Frl. Sophie Herz................	....	S	1827	1827
H. Herzberg	Lehrer.............	B	1813	1817
Frl. Herzberg	....	S	1814	1823
H. v. Herzberg	....	B	1834	1839
H. Herzog	Gymnasial-Director	AB	1797	1798
H. Hesse.....................	....	B	1825	1826
Fr. Hesse, geb. v. Halle	Stadträthin..........	S	1800	
Frl. Heuroth	....	S	1828	1829
Frl. v. d. Heydt	....	S	1825	1826
H. v. Heyking	....	B	1833	1834
Frl. Heyl	....	S	1813	1814
H. Heyn	....	B	1838	1840
Fr. Hildebrandt, geb. Romberg	....	S	1826	1828
H. Hildebrandt	....	B	1826	1828
Frl. Hildebrandt	....	S	1820	1826
H. Hillmann	Referendarius	B	1837	
Frl. v. Hinrichs	....	A	1812	† 1816

NAME	TITEL		EINTR.	AUSTR.
Frl. Hintze	....	S	1799	1801
Fr. Hirsch, geb. Behrend	....	A	1829	1833
H. Hochstetter	....	B	1833	1839
Frl. Höfer....................	....	A	1835	1840
Frl. Höger	....	S	1826	
Frl. Hoffkuntz	....	S	1838	
H. Hofmann	Kammer-Secretair	B	1802	1809
H. Hoffmann....................	Kaufmann	B	1834	
H. Hoffmann	....	B	1839	
Fr. Hoffmann, Pauline	....	A	1802	1805
Frl. Hofmann	....	S	1800	1802
Frl. Hoffmann	....	A	1814	
Frl. Hoffmann	....	A	1822	1828
Frl. Hoffmann	....	A	1827	1832
Frl. Hoffmann	....	S	1834	
Frl. Hoffmann, Maria	....	A	1835	
H. Hoffmeister	Stud. Theol.	B	1829	1830
Frl. Hoffmeister, Ida	....	S	1829	1829
H. Holle.....................	Buchhändler........,....	B	1802	1803
H. v. Holzendorff	....	B	1810	1811
Frl. v. Holzendorff	....	S	1830	1835
Frl. Homeyer	....	A	1824	1840
H. v. Hopfgarten..................	....	B	1819	1820
H. Hoppe	Kammergerichts-Assessor	T	1835	
Frl. Hoppe	....	S	1836	1839
H. Horkel	Registrator	T	1839	
Fr. Horn, geb. Gedicke	Doctorin	S	1799	1806
Frl. Horsitzky	....	S	1824	†1834
Frl. v. Hosemann, Julie	....	S	1837	
Frl. v. Hosemann, Catharina...........	....	A	1837	
H. Hotho	Professor	T	1822	1827
Fr. Hotho, geb. Uhden	Professorin	S	1821	1829
Fr. v. Houwald, geb. v. Beyer	....	S	1826	1826
H. Hufeland	Justiz-Rath	B	1829	
H. Hufeland	Lieutenant	B	1837	
Fr. Hufeland, geb. Troschel	Staats-Räthin	A	1804	1814
Frl. Hufeland (nachm. Fr. Majorin Becherer)	....	S	1813	1820
H. Humbert	Kaufmann	T	1828	1839
H. Humbert	Referendarius..........	B	1829	1831
H. Humbert	Doctor Med.	T	1837	
Fr. Humbert, geb. Dänike............	....	S	1829	1835
H. Humblot	....	B	1834	1836
Fr. Humblot, geb. Jordan	....	S	1808	1813
H. Hurka	Sänger	T	1791	1801

NAME	TITEL	.	EINTR.	AUSTR.
I J				
H. Jachtmann	Bauinspector	T	1796	1811
Fr. v. Jacobi-Klöst		S	1833	
H. Jacobi	Justiz-Rath	T	1823	
H. Jacobi	Justiz-Rath	B	1833	
Fr. Jacobi, geb. Langerhans	....	S	1826	1834
Frl. Jacobi, Caroline	....	S	1834	
Frl. Jacobi, Friederike	....	S	1834	
H. Jacobs	Professor	B	1839	
Fr. Jacobs, geb. Schneider	....	A	1837	
H. Jacobson .... ?	Doctor	B	1825	
H. Jäckel	....	T	1824	1828
H. Jähns	Musiklehrer	B	1829	1838
Fr. Jähns, geb. Klöden	....	S	1833	1838
Frl. v. Jagern .... :	....	S	1833	1835
H. Jahn	Bauinspector	T	1795	1795
H. Jancke......................	Doctor	T	1810	1816
Fr. Jancke, geb. Elze	....	S	1813	1814
H. v. Jasky	Rittmeister	B	1834	1836
H. Jawureck	....	B	1813	1813
H. Ideler	Professor............	T	1794	1799
Fr. v. Jenschow, geb. v. Grunenthal	....	A	1831	1835
Frl. Jeschke	....	S	1797	†1813
H. Ihring	....	T	1797	1799
H. Ilgen	Professor............	B	1825	1827
Frl. Illaire (nachmals Fr. Büsching)	....	S	1818	1825
H. Ilse.......................	....	B	1833	1834
H. Jörg	Stud. Med.	T	1832	1834
H. Johannes	....	B	1790	†1790
Fr. Jonas, geb. v. Halle	....	A	1806	†1841
Frl. Jonas, Marg.	....	A	1826	
Frl. Jonas, Anna.................	....	S	1839	1840
H. Jordan Friedel	....	T	1794	†1838
H. Charl. Jordan	Geh. Justiz-Rath	T	1792	1831
H. Emil Jordan..................	....	T	1810	1828
H. Moritz Jordan	Legations-Rath	B	1822	1823
H. Adolph Jordan................	Stadt-Rath	B	1825	
Fr. Jordan Friedel	....	S	1793	1837
Fr. Jordan, geb. Herz..............	....	S	1826	1829
Fr. Jordan, geb. Jordan	Majorin	S	1820	1827
Frl. Jordan, Henr.	....	A	1809	†1816

NAME	TITEL		EINTR.	AUSTR.
Frl. Jordan (nachmals Fr. v. Buddenbrok)		S	1825	1827
H. Josting		T	1805	1805
H. Jouanne		T	1812	†1814
H. Irmer	Lehrer	T	1830	
H. Isermann		B	1821	1824
Frl. Israel		A	1833	1833
H. Graf v. Itzenplitz		AB	1814	1827
Frl. Itzig, Recha		A	1806	†1841
Frl. Itzig, Johanna		A	1826	
Frl. Jüngken		S	1829	
Frl. Jüngken, Ferdinandine		S	1833	
H. Julius	Cand. Theol.	T	1832	
H. Jung	Doctor	B	1834	1836
H. Jung		B	1836	1836
Fr. Jung, geb. Heinsius		S	1821	†1823
H. Jungius	Professor	B	1806	1809
H. Juschkoff	Stud. Philos.	T	1837	1838
H. Iversen		B	1826	1826

K

NAME	TITEL		EINTR.	AUSTR.
H. Kabrun	Gutsbesitzer	B	1828	1833
H. Kahle	Doctor Philos.	B	1834	1840
H. Kaiser		B	1835	1835
H. Kaiser		T	1837	1839
Frl. v. Kalb		A	1804	1813
Frl. Gräfin v. Kalkreuth		S	1829	
H. Kandelbardt	Münz-Wardein	T	1825	
H. Kannenberg I.	Secretär	T	1812	1827
H. Kannenberg II.		B	1826	1829
H. Kannengiefser		T	1808	1811
H. Kanzler	Professor	T	1807	1827
Fr. v. Kaphengst, geb. Henneberg		S	1826	1840
H. Karges	Referendar	T	1803	1805
H. Karsten	Professor in Rostock	B	1828	1829
Fr. Karsten, geb. Rosenstiel	Geh. Ober-Berg-Räthin	S	1802	
Frl. Mariane Karsten		S	1810	1814
Frl. Karsten (nachmals Fr. Beseler)		A	1832	1839
Fr. v. Katzeler		A	1834	
Fr. v. Kehler, geb. v. Mauderode		S	1835	1836
Frl. Kemnitz		S	1812	
Fr. Kefsler, geb. Bonte		S	1794	1799
Frl. Kefsler		S	1838	
Frl. Kefsling		A	1817	1820

NAME	TITEL	.	EINTR.	AUSTR.
H. Kettler	Bau-Conducteur	B	1802	1804
H. Kiekebusch	Sänger	T	1825	1826
H. Kienitz		T	1840	
H. Killisch	Stud. Theol.	T	1840	
Frl. Kisting		A	1831	1832
Frl. v. Klaas I.		S	1799	1803
Frl. v. Klaas II.		A	1799	1803
Fr. Klaatsch, geb. Eimbeck	Medicinal-Räthin	A	1833	
H. Klage	Musikhändler	B	1807	1832
Frl. Klemann		S	1818	1827
H. Klein		B	1802	1804
H. B. Klein	Musik-Director	T	1819	†1833
H. Klein		T	1820	†1822
H. Klein		B	1834	1835
Fr. Klein, geb. Parthey		S	1814	†1829
Frl. Klein		A	1836	1837
H. Kleinhans		B	1791	1793
Frl. Kleinhans I.		A	1804	1807
Frl. Kleinhans II.		A	1804	
H. v. Kleist		T	1810	1814
H. v. Kleist	Kammergerichts-Präsident	B	1821	
H. Klenze	Professor	B	1820	†1838
Fr. Klenze, geb. Bremer	Professorin	S	1826	
H. Klingemann	Legations-Rath	T	1823	1827
H. Klipfel I.	Hofrath	B	1810	†1827
H. Klipfel II.	Münzmeister	T	1819	
Fr. Klipfel, geb. Hegewald		S	1823	1834
Frl. Klipfel		S	1808	†1812
Fr. v. Klöber, geb. Peicke		S	1833	
H. Klöden	Director	T	1824	
H. Klöden	Doctor Philos.	T	1834	1839
Frl. Klöden		A	1831	
Frl. Klug, Ida		S	1828	
Frl. Klug, Emma		S	1830	
H. Kluge	Geh. Medicinal-Rath	T	1817	
Fr. Kluge, geb. Kolbe	Geh. Medicinal-Räthin	A	1800	1831
H. v. Knebel		B	1839	
Frl. Knigge		A	1812	1816
H. Knievel		T	1807	1810
Fr. v. Knobelsdorff		S	1832	
Frl. v. Knobelsdorff (nachmals Fr. Remy)		S	1829	
Fr. Knoblauch		A	1835	1839
Frl. Knoblauch		A	1838	

NAME	TITEL		EINTR.	AUSTR.
H. Knönagel	....	T	1811	1812
Fr. Knorr, geb. Wahlstab	....	A	1794	1794
Frl. Kobes, Ottilie	....	S	1836	
Frl. Kobes, Francisca	....	S	1836	
Frl. Koblanck	....	S	1801	1801
H. Koch	Kriegs-Rath	B	1800	1802
H. Koch	Referendarius	T	1802	1804
H. Koch	Referendarius.........	B	1813	1816
Fr. Koch.......................	....	S	1793	1793
Frl. Koch	....	S	1796	1802
Frl. Friderike Koch	....	A	1797	
H. Köhler	....	T	1806	1826
H. Köhler	Kriegs-Rath	T	1807	1814
H. Köhler	Staats-Rath.........	T	1813	
H. Gustav Köhler	Ob. Regierungs-Rath ..	B	1822	1830
H. Köhler, Albert	Maler..............	T	1833	1838
H. Köhler	....	T	1837	1838
Fr. Köhler	Ob. Regierungs-Räthin.	S	1837	1839
Frl. Köhler	....	A	1829	
Fr. Köhne.....................	....	S	1823	1827
Frl. Köls	....	S	1803	1837
H. König......................	Cantor.............	B	1807	1809
H. König......................	....	B	1834	1835
Fr. König	....	S	1806	1807
H. v. Königsmark................	....	T	1803	1804
H. Köpke	Professor...........	T	1800	1804
H. Köpke	Lehrer	B	1825	1829
H. Köpke	....	B	1835	1839
Fr. Köpke	Professorin	A	1803	1807
Fr. Köpke, geb. Hanstein	....	S	1826	1832
Fr. Köpke, geb. Bernheim...........	....	A	1838	1839
Frl. Köpke	....	A	1836	†1839
H. Körner	Staats-Rath	B	1815	†1831
Fr. Kohlrausch, geb. Eichmann	Geheime Med.-Räthin ..	A	1800	1825
H. Kolbe......................	Regierungs-Assessor ...	T	1831	1834
Fr. Kolbe, geb. Kluge..............	Regierungs-Assessorin .	S	1831	1839
Frl. Kolbe (nachm. Fr. Prof. Catel)	....	S	1800	1808
H. Koller	....	T	1831	
Frl. Kornicker (nachmals Fr. Bock)	....	A	1837	
Frl. v. Kosel...................	....	A	1837	
H. Kotzold	....	B	1836	1838
H. Kozer	....	B	1834	1840
H. v. Kraewel	....	B	1830	1833

NAME	TITEL		EINTR.	AUSTR.
H. Kramer	Kriegs-Rath	T	1813	1837
H. Kramer	Doctor	B	1531	
Fr. Kramer, geb. Hitzig	Doctorin	A	1832	1835
H. Krause	Doctor philos.	T	1814	1823
H. Krause	Sänger.	B	1832	1836
H. Krause	Stud. Philos.	T	1838	
Fr. Krause, geb. Seebald	Justiz-Räthin	S	1801	
Frl. Krause		A	1822	
Frl. Krause, Charlotte		S	1836	
H. Kraut	Lieutenant	B	1821	1824
H. Kremnitz		B	1831	1832
H. Kretschmer	Kriegsrath	T	1818	1824
Frl. v. Krohn		S	1811	
Frl. Kroll		S	1797	1797
H. Krüger		B	1807	1813
H. Rudolph Krüger	Stud. theol.	T	1830	
H. Krüger	Juwelier	B	1833	
H. Krüger	Chemiker	B	1837	1840
Fr. Krüger, geb. Gabain		S	1810	1815
Fr. Krüger, geb. Eunicke		S	1811	1816
Frl. Jul. Krüger		S	1807	
H. Krug		B	1828	1828
Fr. Krug, geb. Koch		S	1796	1799
Fr. Krukenberg, geb. Reil		S	1811	1814
Fr. Kruse		S	1826	1829
Frl. Krutisch		S	1828	
H. Kücken	Componist	T	1834	1840
H. Kühnau	Organist	T	1807	1820
H. Kühnau		B	1813	1824
H. Kühtze		B	1800	1800
Fr. Küster	Inspectorin	S	1801	1809
Frl. Küster		A	1829	1830
H. Kuhfahl	Informator	T	1803	1804
H. Kugler	Doctor Philos.	B	1826	
H. Kuhlmeyer	Referendarius	T	1807	1808
H. Kuhlow		T	1833	1834
Frl. Kummer		S	1795	1797
H. Kunde	Doctor Medic.	T	1826	1827
H. Kunde	Apotheker	B	1831	
Fr. Kunde, geb. Feilner	Doctorin	S	1826	1827
Frl. Kuntz I.		A	1799	1801
Frl. Kuntz II.		A	1799	1808
H. Kupsch		T	1826	1827
H. Kupsch		B	1829	1830

NAME	TITEL		EINTR.	AUSTR.
H. Kurs		T	1838	1840
H. Kuske		B	1835	1837

L

NAME	TITEL		EINTR.	AUSTR.
H. Laake		B	1794	1795
H. Labes		T	1837	1837
H. de Lacroix	Legationsrath	T	1805	
Frl. Lagarde		S	1802	1809
H. v. Lancizolle I.	Legationsrath	T	1810	1829
H. v. Lancizolle II.	Professor	T	1820	
Fr. v. Lancizolle, geb. Marcuse	Legationsräthin	S	1803	†1826
H. Landsberg		T	1831	1832
H. Landschulz	Doctor Philos.	B	1804	1811
H. Lange	Geheim-Secretär	T	1806	1813
H. Lange	Gesandtschafts-Secretär	T	1807	1809
H. Lange	Lehrer	B	1829	1835
H. Lange		T	1836	1838
H. Lange, Herm.	Stud. Theol.	T	1839	
Fr. Lange, geb. Krüger		A	1831	
Frl. v. Lange		S	1799	1801
Frl. Röhl v. Langen		S	1837	1838
Frl. Langener		S	1837	1837
H. Langenthal		T	1816	1817
Fr. Langerhans, geb. Schlegel		S	1799	1803
H. Langermann	Staats-Rath	T	1810	1821
H. v. Lanken	Lieutenant	B	1826	1829
H. v. Lanken	Premier-Lieutenant	B	1832	1833
Frl. Lantz		S	1793	1801
H. Lanz		T	1830	1831
H. Latrobe		B	1793	1795
H. Lattig		B	1803	1804
Fr. v. Lauer		S	1804	1812
H. Lauska	Componist	T	1799	†1825
Fr. Lauska, geb. Ermeler		A	1809	1826
H. Lautier		T	1795	1798
Fr. Lautier, geb. Ferber		S	1792	1797
Fr. Lautier, geb. Sufsmann		S	1796	1797
Frl. Lautier		S	1809	1811
H. Lebrun	Assessor	B	1833	
Fr. Lebrun, geb. Thieme		S	1803	1830
H. Lecoq	Justiz-Rath	B	1834	
Fr. Lecoq, geb. Lefebre	Geh. Staatsräthin	S	1800	1817
Fr. Lecoq, geb. Chodowiecki	Präsidentin	A	1801	1816

NAME	TITEL		EINTR.	AUSTR.
Fr. Lecoq, geb. Langerhans..........	Justizräthin	S	1826	1839
Fr. Lecoq, geb. Merzdorff...........	Geh. Legat.-Räthin....	A	1834	
H. v. Ledebur I.	Premier-Lieutenant....	T	1835	
H. v. Ledebur II....................	Lieutenant..........	T	1836	
Frl. Legavi	....	S	1828	
H. Lehmann	Musik-Director	T	1791	1810
H. Lehmann	Geh. Ob. Regierungs-Rth.	B	1797	1801
Frl. Lehmann	Königliche Sängerin....	A	1833	.
H. Leis	....	T	1800	1801
Fr. v. Lemberg, geb. Schüler	....	S	1799	1809
Frl. Lemke	....	S	1807	1814
H. Lenke	....	B	1825	1826
H. Lenke	....	B	1834	1836
H. Lenz	....	B	1830	1831
Frl. Lenz I.	....	S	1831	
Frl. Lenz II., Emma	....	S	1834	
H. Leo	....	B	1813	1827
H. Leo	....	B	1838	
H. Lerche.........................	....	T	1826	1829
Frl. Leschke	....	S	1805	†1814
Fr. Lefsling.......................	Ober-Bau-Räthin.....	A	1802	1805
H. Marcus Levy (gen. Robert).........	....	T	1800	†1826
H. L. Levy (gen. Delmar)............	....	B	1800	1830
Fr. Rosa Levy	....	A	1800	
Frl. Levy, Jeanette	....	S	1836	
Frl. Levy	....	S	1810	
H. Lichtenstein....................	Geh. Medicinal-Rath...	B	1810	
Fr. Lichtenstein, geb. Hotho	Geh. Räthin..........	A	1813	
Frl. Maria Lichtenstein	....	A	1834	
Fr. v. Lichtenstein.................	....	S	1828	
H. Liebermann	Kaufmann	B	1838	.
H. Liebert, Friedr.	Assessor	B	1836	1840
Fr. Liebert, geb. Gottheiner	....	S	1810	†1832
Frl. Liebert	....	A	1837	
Fr. Liemann	....	A	1792	1806
H. Limann	Referendarius	B	1835	
H. Limann	Kaufmann	B	1837	1840
H. Lindblat	....	T	1825	1826
Frl. Maria Lindemann I.	....	A	1832	1838
Frl. Lindemann II.	....	S	1833	1838
Frl. Lindemann III.................	....	S	1834	1838
Frl. Lindenau	....	S	1803	1825
Fr. v. Linger, geb. Gericke..........	....	S	1816	1820
Frl. Link (nachmals Fr. Boyen)	....	S	1817	1820

NAME	TITEL		EINTR.	AUSTR.
Fr. v. Lipinsky, geb. v. Beyer		S	1826	1830
Frl. Lithander		S	1834	1836
H. Lockstedt		S	1796	1797
Fr. Lüder, geb. Kellner		S	1794	1797
H. Löst	Geh. Kriegs-Rath	T	1800	1808
H. Löwe	Candidat	T	1806	1806
Frl. Löwe, Auguste		S	1838	
Frl. Löwe, Sophie	Sängerin	S	1839	
H. v. Löwenstern		A	1798	1799
Frl. v. Löwenstern		S	1798	1799
Frl. v. Löwenstern		A	1799	1799
H. Löwenthal	Studiosus	T	1804	1805
H. Loos	Medailleur	B	1792	1795
H. Loos	Münz-Meister	B	1793	1812
H. Loos, Carl	Auscultator	B	1833	1834
Fr. Loos, geb. Patzig		S	1801	†1808
Fr. Lorenz, geb. Falkmann		S	1800	1804
Fr. Lork, geb. Hotho		A	1813	1823
H. Lortzing		T	1801	1816
Fr. Lottner, geb. Sander		S	1818	1822
Frl. Ludendorff		S	1822	1840
H. Ludolff I.	Justiz-Rath	T	1814	1818
H. Ludolff II.		B	1821	1828
Fr. v. d. Lühe		S	1805	†1813
Frl. v. d. Lühe I.		S	1805	†1809
Frl. v. d. Lühe II.		S	1805	1807
Frl. Lütke (nachm. verehel. Fr. Rück)	Polizei-Räthin	A	1793	1796
Fr. Gräfin v. Lüttichau, geb. Pascal		S	1820	1825
Fr. v. Lützow, geb. v. Loder		S	1810	1813
Frl. v. Lützow (nachmals Gräfin Dohna)		S	1806	1808
Fr. v. Lützow		S	1834	
Fr. v. Lützow, geb. v. Laroche		S	1812	1814
H. Luther		B	1802	1804
H. Lutze		T	1834	1835

M

Frl. Maaſs	Königliche Schauspielerin	S	1806	1808
H. v. Magalon	Lieutenant	T	1801	1802
Frl. v. Magalon		S	1798	1799
H. Magnus	Architect	T	1822	1826
H. Magnus	Maler	B	1830	1833
Fr. Mahlmann, geb. Meyer		S	1794	1794
Fr. Maklayn, geb. Günther		A	1831	1836

NAME	TITEL		EINTR.	AUSTR.
H. Malchow		B	1838	1840
H. Malinsky		B	1812	1812
Fr. Mangold		A	1823	1827
H. Mann	Superintendent	B	1804	1807
Fr. Mann, geb. Ribbeck		S	1806	1812
Frl. Mann		A	1830	
H. v. Manteg		B	1822	1822
Fr. v. Mansuroff	Generalin	S	1829	
H. Mantius	Königlicher Sänger	T	1829	
H. Maquet		B	1826	1834
H. Marechaux		T	1801	1803
H. Maresch		T	1838	1840
H. Marggraf		B	1840	
H. Markstein		B	1835	1835
H. Marmalle	Professor	T	1813	†1826
H. Marot	Superintendent	B	1793	1795
Frl. Marot, Minna		A	1835	
Frl. Marot, Marie		A	1835	
H. Baron v. Martens		T	1804	1804
Frl. Marth		S	1829	1836
H. Martini	Referendarius	B	1796	1796
H. Martini		T	1826	1826
Fr. Martini, geb. Förster		S	1813	1820
H. Marzancka		T	1794	1804
Frl. Maschincka		S	1833	
Fr. v. Massenbach		S	1808	1808
Fr. v. Massenbach		A	1812	
H. v. Massow	Wirkl. Geh. Rath	T	1829	
Frl. Mathés		S	1801	1801
H. Mathias	Ober-Land-Bauinspector	T	1802	1802
H. Mathias		T	1819	1820
Fr. Mathias		S	1805	1805
Fr. Mathis, geb. Jordan	Geh. Ober-Reg.-Räthin	S	1818	1827
Fr. Matton, geb. Galafrée		S	1838	
H. Matusch	Lehrer	B	1836	1841
Fr. Maue, geb. Krutisch		A	1821	1827
Frl. Mayenhofer		A	1834	1838
Frl. Mayer		S	1797	1800
H. Mayet		T	1806	1808
H. Mayet	Kammergerichts-Assessor	B	1827	
H. Mayet	Geh. Calculator	B	1833	1840
Fr. Mayet, geb. Zencker		S	1802	1808
Frl. Mayet		S	1835	
Fr. Mehring	Predigerin	S	1831	

NAME	TITEL		EINTR.	AUSTR.
Fr. Meinert	. . . .	S	1807	1808
H. Meinicke	Dr. Hofrath	T	1795	1795
H. Abrah. Mendelsohn	. . . .	B	1793	1833
H. Nath. Mendelsohn	. . . .	B	1807	1836
H. Alex. Mendelsohn	. . . .	A	1812	1814
H. Felix Mendelsohn	Kapellmeister	T	1824	1833
Fr. Mendelsohn, geb. Salomon	. . . .	S	1796	1825
Fr. Mendelsohn	Professorin	S	1839	1839
Frl. Mendelsohn	. . . .	A	1794	1799
H. Mendheim	Buchhändler	T	1813	
Frl. Mense	. . . .	S	1831	1832
Frl. Menzel	. . . .	S	1809	1810
Frl. Menzel	. . . .	S	1812	1814
Fr. v. Merkel, geb. Mühler	. . . .	A	1832	
H. Merzbach	Doctor Med.	T	1838	1841
Fr. Merzdorff, geb. Lefebre	. . . .	A	1801	1802
Frl. Merzdorff	. . . .	S	1809	1814
H. Messow	Prediger	T	1791	1794
H. Messow	Dom-Candidat.	T	1794	1796
Fr. Messow	Predigerin	A	1790	1794
H. Meyer	Maler	B	1807	1808
H. Meyer	Banquier	B	1826	
H. Meyer	. . . .	B	1830	†1835
H. Meyer	. . . .	B	1834	1836
Fr. Meyer	Geheime Räthin	A	1790	1791
Fr. Meyer, geb. Gedike	Doctorin	S	1799	1835
H. Michaelis	Referendar	T	1808	1816
H. Michaelis	Stud. Med.	B	1828	1830
Frl. Michaelis	. . . .	S	1800	1800
Fr. Michelet	. . . .	S	1796	1802
H. Mickler	Königlicher Sänger	B	1835	
Frl. Mila, nachm. Fr. Rauch	. . . .	A	1821	1827
H. Milarch	. . . .	T	1834	1837
Fr. Anna Milder	Königliche Sängerin . . .	S	1815	1837
H. Milfser	. . . .	B	1810	
Fr. Mirus, geb. Schulz	. . . .	S	1799	1802
Fr. Mitscher, geb. Mitscher	. . . .	S	1830	
H. Mitschke	Maler	B	1833	1834
H. v. Mittelstedt	. . . .	T	1807	1809
Frl. L. Möllinger	. . . .	S	1803	1812
Frl. H. Möllinger	. . . .	S	1803	1808
Frl. Möllinger	. . . .	S	1830	1836
Frl. Möwes	. . . .	A	1835	1835
H. Moritz	Geheim-Secretair	T	1797	1797

NAME	TITEL		EINTR.	AUSTR.
H. Moser	Bau-Rath	T	1801	
H. Moser	Kaufmann	B	1801	1802
Frl. Minna Moser		A	1804	1807
Frl. Hanna Moser		A	1804	1807
H. v. Müffling		B	1826	1830
H. v. Mühlbach		T	1831	1831
Frl. v. Mühlbach		S	1832	1833
Frl. v. Mühlen		S	1815	1815
H. Müllendorf		B	1837	1838
H. Müller		B	1801	1809
H. Müller	Buchhändler	T	1807	1813
H. Müller	Stud. Jur.	T	1817	1823
H. Müller		T	1826	1838
H. Julius Müller (Miller)		T	1823	1823
H. Müller		T	1831	1831
H. Müller	Lehrer	T	1835	
Frl. Müller		S	1797	1804
Frl. Müller		A	1813	1816
Frl. Ulrike Müller		A	1822	1829
Frl. Auguste Müller		A	1826	1830
Frl. Müller		A	1832	
H. Muhr		B	1800	1800
Frl. Mumsen		S	1816	1816

N

NAME	TITEL		EINTR.	AUSTR.
Fr. Nagel, geb. Busch	Doctorin	A	1836	†1841
H. Natorp		B	1818	1818
Frl. Natorp		S	1828	1834
Frl. Natusch		S	1801	1803
Fr. Nauck, geb. Bufsler		S	1826	
Frl. Julie Nauck		S	1826	1826
H. Naue	Univers. Musikdir. in Halle	T	1810	1810
H. Nauen	Kaufmann	T	1824	†1838
Fr. Nauen, geb. Michaelis		A	1818	1838
Frl. Nauen (nachmals Fr. Bitter)		A	1835	
H. Nauenburg	Doctor	B	1832	1833
Frl. Naumann		S	1802	1804
Frl. Neander		A	1837	
Fr. Mathilde v. Neindorff		A	1838	
H. Neo		T	1799	1821
Frl. Neo I, Sophie		A	1834	
Frl. Neo II, Antonie		S	1836	1840
Fr. Nernst, geb. Formey		A	1813	1834

NAME	TITEL		EINTR.	AUSTR.
H. Neubauer	Referendarius	T	1807	1819
Fr. Neubauer, geb. Mendheim	....	S	1813	1825
H. Neuendorff	....	T	1812	1813
Fr. Neuhaus	....	A	1834	1836
Frl. Neuhaus	....	S	1806	
H. Neumann	....	T	1836	1837
Frl. Neumann	....	S	1807	1808
H. Fr. Nicolai	Buchhändler..........	B	1792	1793
H. Nicolai	Prediger	B	1805	1808
H. Otto Nicolai	Componist..........	B	1831	1833
H. Nicolai	....	T	1833	1834
Fr. Charlotte Nicolai	....	S	1793	1793
Fr. L. Nicolai	....	S	1795	†1808
Fr. Nicolai, geb. Eichmann	....	S	1803	1807
Frl. Nicolai	....	S	1817	1838
H. Nicolovius	Kammergerichts-Rath ..	B	1823	
Fr. Nicolovius	....	S	1838	
H. Niemeyer	....	T	1811	1813
Fr. Niemeyer, geb. Eberus	Professorin	S	1811	1814
H. Nies	Lehrer	B	1839	
H. Nitsche	....	T	1830	1831
Fr. Noack	....	A	1826	1835
Fr. Nobiling, geb. Gardemin	....	A	1792	1794
Fr. Nobiling, geb. Itzig	....	A	1814	1833
H. Nöldechen	Stud. Jur.	B	1829	1830
H. Nörner	Stadtgerichts-Rath.....	B	1827	
Frl. Nörner	....	S	1830	1840
H. Nowack	Registrator	T	1806	1811
H. Nowack	....	T	1819	1822

O

NAME	TITEL		EINTR.	AUSTR.
Fr. Oesterreich, geb. Friese..........	Geh. Ober-Finanz-Räthin	S	1835	
H. Olivier.................	....	T	1803	1803
Frl. Oppenheim	....	S	1808	
H. Oppermann	Informator	T	1801	1809
Frl. Oppert	....	A	1828	
Frl. v. Orbietzka	....	S	1836	1836
Frl. Orth	....	S	1830	1834
H. Oswald	....	B	1808	1816
H. Oswald.................	Ob. L. Gerichts-Präsident	B	1826	1835
Fr. Oswald	....	A	1808	†1823
Frl. Oswald	....	A	1840	1840
H. v. Otth.................	Stud. Jur.	B	1827	1827

NAME	TITEL		EINTR.	AUSTR.
H. Otto	Post-Secretär	B	1800	
H. Carl Otto	Kammerger.-Referendar.	B	1833	
H. Otto	Apotheker	B	1837	1837
H. Otto		T	1837	1839
Frl. Otto		A	1802	
Frl. Otto		A	1804	† 1808
Frl. Otto		A	1819	1825
H. Overbeck		T	1838	1839

P

NAME	TITEL		EINTR.	AUSTR.
H. Paalzow	Lieutenant	T	1826	1831
H. Paasche	Geh. Hofrath	T	1806	
Fr. Pätsch, Marie		A	1834	
H. Pahl		T	1825	1839
H. v. Palm		T	1811	1812
Fr. Palmié		S	1798	1803
H. Pampe		T	1811	1815
H. Pape	Kammer-Secretär	T	1795	1808
Fr. Gräfin v. Pappenheim		S	1826	1836
Fr. Pappenheim, Rosalie		S	1836	
H. v. Parpart		T	1835	1836
Frl. v. Parpart		S	1836	
H. Parthey	Doctor Philos.	T	1827	
Fr. Parthey, geb. Nicolai	Hofräthin	S	1793	1796
Fr. Parthey, geb. Eichmann		S	1800	
Fr. Cäcilie Pascal		S	1830	1841
H. Patté		B	1792	1797
H. Patzig	Geh. Regierungs-Rath..	T	1795	† 1840
H. Patzig	Musikus	B	1804	1819
Fr. Patzig, geb. Fuchs		A	1801	1835
H. Pauli		B	1821	1825
Fr. Pauli, geb. Müller		S	1793	1802
H. Pelkmann, Alexander	Geheim-Secretär	T	1833	
H. Pelkmann		T	1835	1837
Fr. Pelkmann, geb. Troschel	Superintendentin	A	1792	1808
Frl. v. Pellet		A	1802	1803
H. v. Perin		T	1828	1829
Frl. v. Pertüsch		A	1836	1837
Frl. Petermann		A	1804	1804
H. Peters	Referendarius	T	1826	
Fr. Peters, geb. Klipfel		S	1813	1828
Frl. Peters		S	1828	† 1832

NAME	TITEL		EINTR.	AUSTR.
H. Petersen	Doctor Med.	B	1807	1828
H. Petersen	Apotheker	T	1810	1814
Fr. Petersen, geb. Kramer	Doctorin	S	1812	1817
Fr. Petersen, geb. Kramer	Apothekerin	S	1819	1833
Frl. Petri		A	1804	1804
Frl. Petzko		A	1811	1812
H. Pfefferkorn		B	1836	1838
H. Graf Pfeil		B	1835	1837
Frl. Pflug		A	1806	1808
Frl. Pflug		S	1807	1808
H. Pfund	Professor	T	1807	1817
H. Pfund		B	1834	1839
Fr. Pfund		A	1815	1817
H. Adolph Phillipps	Stud. Jur.	T	1832	1833
Fr. Pietsch		A	1821	1823
Frl. Pilz		S	1840	
H. Pinkert	Commerzienrath	T	1835	1837
Fr. Pinkert, geb. Jordan		S	1813	†1833
Frl. Pischon, Marie		S	1832	
Frl. Pischon, Henriette		S	1832	
H. Pistor	Geh. Post-Rath	B	1803	1805
Fr. Pistor, geb. Hänselen		A	1803	1834
H. Pistorius	Lehrer	B	1833	
H. Piwkow		B	1838	
Frl. v. Plater		S	1798	1798
Frl. Platzmann I.		S	1798	1799
Frl. Platzmann II.		S	1798	1800
H. Pochhammer		T	1805	
H. Pochhammer	Geheim-Secretär	B	1814	1836
H. Pochhammer		B	1820	1833
Fr. Pochhammer, geb. Rosenstiel		S	1797	1816
Frl. Pochhammer		S	1816	1833
H. Pölchau		T	1814	†1836
H. Pölchau	Stud. Jur.	B	1836	1838
Fr. Pölchau		A	1814	†1817
Frl. Cäcilie Pölchau (nachmals Fr. Hasse)		S	1831	1839
Fr. Pösch		A	1800	1803
H. Pohley	Doctor Philos.	T	1825	1832
H. Poppe	Stud.	T	1802	1803
H. Poppe	Justiz-Rath	B	1827	
H. Poselger	Referendarius	B	1807	1808
H. Preuſs		T	1810	1815
Fr. Preuſs		S	1791	1791
Frl. Preuſs		A	1791	1799

NAME	TITEL		EINTR.	AUSTR.
H. Priester		B	1831	1831
Fr. v. Pröckh, geb. Delius	Majorin	A	1794	1795
Frl. v. Pröckh		S	1813	1814
Fr. Püttmann		S	1812	1815
Frl. Püttmann		A	1822	1825
H. v. Puttkammer		T	1801	1830
Frl. v. Puttlitz		A	1806	1813

Q

NAME	TITEL		EINTR.	AUSTR.
Fr. Quade	Stadträthin	A	1799	1799
Frl. v. Quadt (nachmals Fr. Hengstenberg)		A	1834	1838
Fr. v. Quast, geb. v. Diest		A	1836	
H. Quenstedt	Doctor Philos.	T	1834	1837

R

NAME	TITEL		EINTR.	AUSTR.
Frl. Rabe		S	1813	1816
H. Rabuske		B	1833	1836
H. Graf v. Raczinsky		T	1827	1828
H. Rambach	Doctor Medic.	B	1823	† 1827
H. Ratt		B	1829	1830
H. v. Raumer	Professor	B	1801	1839
Fr. v. Raumer		S	1834	1839
Frl. v. Raumer		S	1831	1837
Fr. Raumer, geb. Riedel		S	1813	1816
H. Ravache	Seehandlungs-Secretär	B	1802	1810
Fr. Ravache, geb. Hansen		S	1802	1810
Frl. Ravené, Friderike		S	1835	
H. Rebenstein	Cantor	T	1791	1796
Fr. v. Reck, geb. v. Bölzig		S	1812	1820
Fr. Reclam		A	1803	1804
Fr. Reclam, geb. Gericke		S	1830	1839
H. Redtel	Ob. Land. Ger. Rath	B	1804	1819
Fr. Redtel, geb. Püttmann		S	1807	1819
Fr. Rehage, geb. Hauchecorne		A	1801	1809
Frl. Rehfeld		S	1830	1830
H. Reichardt	Musikus	B	1819	1832
Frl. Reichardt, nachm. Fr. Radeke		S	1817	1830
Frl. Reichardt		A	1823	1826
Frl. Reichardt		S	1829	1831
Frl. Reichert		S	1796	1798
H. Graf v. Reichenbach		T	1803	1803
H. Graf v. Reichenbach		T	1823	1824

NAME	TITEL			EINTR.	AUSTR.
H. v. Reichenbach	. . . .	T	1834	1837
Fr. Gräfin v. Reichenbach	. . . .	S	1835	1838
Fr. v. Reichenbach, geb. Welper	. . . .	S	1813	1824
H. Reichenau	Lehrer	T	1839	
H. Reimann	Privatgelehrter	T	1793	1794
Frl. Reimer I	. . . .	A	1830	1833
Frl. Reimer II	. . . .	S	1830	1831
Frl. Reimer III	. . . .	S	1830	1833
Fr. Reinhardt	Geb. Justiz-Räthin	S	1821	1840
H. Reiſs	. . . .	T	1812	
H. Reiſsert I	. . . .	B	1800	1830
H. Reiſsert II	Geb. Secretair	B	1801	1809
H. Reiſsert	. . . .	B	1840	
Fr. Reiſsert, geb. Bardou	. . . .	S	1800	1809
Frl. Elvire Reiſsert	. . . .	A	1820	1828
H. Reiſsiger	Kapell-Meister	B	1826	1827
H. Reiſsiger	Musik-Lehrer	T	1834	1840
Fr. Reiſsiger, geb. Stobwasser	. . . .	S	1826	1828
H. Rellstab	. . . .	B	1792	1797
Fr. Rellstab	. . . .	A	1806	
Fr. Rellstab	. . . .	A	1809	†1820
Frl. Rellstab	. . . .	S	1819	1827
H. Remde	. . . .	B	1804	1805
Frl. Renauld	. . . .	S	1819	
H. v. Renouard	. . . .	B	1826	1832
Fr. Reuscher, geb. Kluge	. . . .	S	1828	1833
Prinz Reuſs der 74.	. . . .	B	1822	1823
H. v. Reuſs	Referendarius	B	1837	
H. v. Reuſs	Lieutenant	B	1840	
Frl. v. Reuſs	. . . .	A	1835	†1836
H. Reuter	Organist	T	1835	
H. Rex	Musik-Director	T	1807	
H. Ribbeck	Dr., Gymnasial-Director	B	1800	
Frl. Ribbeck	. . . .	S	1806	1836
H. v. Ribbentrop	Lieutenant	T	1835	
Frl. Charlotte v. Ribbentrop	. . . .	S	1814	1816
Frl. Richet	. . . .	A	1802	1804
Frl. Richter	. . . .	A	1819	1819
Fr. v. Ridderstolpe, geb. Kolbe	. . . .	A	1813	1816
H. Riedel	. . . .	T	1803	1803
Frl. Riedel (nachm. Fr. Doctorin Raumer)	. . . .	S	1799	1814
Frl. Riedel	. . . .	S	1813	1816
H. Riefenstahl	. . . .	B	1795	1795
Frl. Riemann	. . . .	A	1804	1807

NAME	TITEL		EINTR.	AUSTR.
H. Rienecker	Chor-Director	B	1801	1812
H. Riese I	Modelleur	B	1805	1810
H. Riese II	Fabrikant	B	1828	
H. Riese III	Apotheker	T	1835	1838
Fr. Riefs		S	1829	1833
Frl. Florentine Riefs		S	1819	1820
H. Riggenbach		B	1839	1840
Fr. Rimpler, Antonie		A	1834	
Frl. Rimpler		A	1834	1838
H. Rintel	Doctor Med.	B	1838	
Fr. Rintel, geb. Zelter		S	1797	1817
H. Ritschl	Evangel. Bischof	T	1805	1827
H. Ritschl	Stud. Philos.	T	1836	1837
Fr. Ritschl, geb. Sebald	Bischöfin	S	1802	1827
Fr. Ritschl, geb. Meudtner		S	1813	†1820
Fr. Ritter	Professorin	A	1822	†1840
H. Ritz	Kammer-Musikus	T	1821	†1832
H. Ritzenfeld I	Musiklehrer	T	1800	1800
H. Ritzenfeld II	Musikus	T	1800	1800
Fr. v. Ritzenfeld, geb. v. Krauseneck		S	1829	1836
Fr. Robert		S	1817	1831
H. v. Rodde		B	1818	1818
H. Römer	Doctor Phil., Hofrath	T	1812	1814
H. Röhn		T	1811	1812
H. Röhner		T	1832	1832
Fr. Röstel, geb. Schmidt		S	1830	1833
H. Rohleder		T	1797	1798
Frl. v. Röhr		S	1834	1834
H. Rohrlack	Lehrer	B	1816	†1829
H. Rong		T	1799	1799
H. Ronnenberg	Secretair	T	1812	1813
Fr. Rose, geb. Frick		S	1824	1826
H. Rosenau		T	1796	1796
H. v. Rosenberg-Gruschinsky	Premier-Lieutenant	T	1832	
Fr. v. Rosenberg-Gruschinska, geb. v. Gruner		A	1832	1840
Frl. Rosenberg		S	1828	
H. Rosenstiel	Kammergerichts-Assessor	B	1830	
Fr. Rosenstiel, geb. Karsten	Doctorin	A	1828	1835
Fr. Rosenstiel, geb. Hellwig		A	1829	
Fr. Rosentreter		A	1797	1798
Frl. Johanna Rofs		S	1840	1841
Frl. v. Rotenhan		A	1831	1834
Fr. Rudorf, geb. Pistor	Professorin	A	1822	

NAME	TITEL			EINTR.	AUSTR.
Frl. v. Rudorff		S		1814	
Frl. Rück		S		1826	1835
Frl. Rummel		S		1793	1797
H. v. Rundstedt		T		1831	1833
H. Runge	Doctor Philos.	B		1839	
H. Rungenhagen	Musik-Director	T		1801	
H. Ruscheweih		T		1816	1818
H. Rust	Cantor	T		1817	†1837
H. Rust	Cantor	T		1836	
Frl. Rust		A		1807	1807

S

NAME	TITEL			EINTR.	AUSTR.
H. Sadewasser		T		1837	1838
Fr. Safft		S		1802	1803
Fr. Saling, geb. Salomon		A		1804	1808
H. Salingre		B		1826	1831
Fr. Salome		S		1816	
H. Salpius	Cand. Theol.	T		1808	1811
Frl. v. Salviati		S		1806	1808
Frl. Samson		S		1828	1833
H. Sander		B		1793	1793
H. Sander	Buchhalter	T		1801	1832
H. Sandt	Justiz-Rath	B		1825	1836
Fr. v. Sartoris		S		1807	1809
Fr. Sartorius, geb. Bode	Justizräthin	A		1801	1813
H. Sassenhagen		B		1832	
Fr. v. Savigny		A		1810	1813
H. Schabe	Conrector	B		1791	1804
H. Schaellibaum		B		1837	1838
Fr. Schall		S		1833	1839
H. Scharnweber		B		1836	
Fr. v. Schätzel		A		1829	
Fr. Schadow, geb. Rosenstiel		S		1800	†1832
H. Schauer		T		1833	
H. Schaum	Auditeur	T		1816	1822
H. Schaufs	Kaufmann	T		1802	
H. Schede I		T		1828	1838
H. Schede II		B		1833	1833
Fr. Schede		S		1812	1825
Frl. Schede I		A		1812	
Frl. Schede II		S		1812	1824
Frl. Scheffer		A		1837	

NAME	TITEL		EINTR.	AUSTR.
Frl. Scheffler	....	S	1826	1829
Frl. Scheffler	....	S	1830	1834
Frl. Scheffler	....	A	1831	1837
Frl. Scheffler	....	A	1837	
H. Scheffransky	....	T	1836	1836
H. Scheibel	....	TB	1836	
H. Scheidler	Stud. Jur.	B	1816	1817
Frl. v. Schenckendorff............	....	S	1800	†1801
Fr. Schering, geb. Mandel	....	S	1836	1838
Fr. Schickedanz, geb. Rebstock........	....	S	1813	1835
Fr. v. Schickfuß, geb. Schröder	....	S	1817	1821
H. Schilling	Doctor	B	1794	1794
Fr. Schiller, geb. Pappritz..........	....	S	1811	1824
Fr. Schinckel	Geheime Räthin	S	1820	1826
Frl. Schindelmeißer............	....	S	1826	1830
Fr. Schirrmann	Geh. Räthin	S	1797	1827
Fr. Schirmer, geb. Blanc	....	S	1822	1829
Frl. Schläger....................	....	A	1803	1807
Fr. Schleesack, geb. Gröbenschütz......	....	A	1831	1835
H. Schleiermacher..................	Theol. Dr. und Professor	T	1809	†1834
Fr. Schleiermacher	....	S	1809	1814
H. v. Schlichting	....	B	1811	1812
H. Schliep....................	Studiosus	B	1839	1839
Frl. Schlinzig	....	S	1805	1805
H. Schlosser	Doctor	B	1806	1807
H. Schmalfuß	Studiosus...........	T	1833	†1834
Fr. Wilhelmine Schmalz	....	A	1808	†1835
Fr. Auguste Schmalz	....	A	1808	1829
Fr. Mathilde Schmalz, nachm. Fr. v. Carisien	....	S	1826	1839
Frl. Schmalz....................	Königliche Sängerin ...	S	1790	1792
Fr. Schmeling, geb. Jahn	....	S	1814	1816
H. Schmidt I	Candidat	T	1801	1801
H. Schmidt	....	TB	1801	1808
H. Schmidt	Hofrath...........	T	1804	
H. Schmidt	Assessor...........	B	1813	1813
H. Schmidt	Kupferstecher	B	1817	1824
H. Schmidt	....	B	1836	1840
H. Schmidt	....	B	1837	1838
Fr. Schmidt, geb. Zencker..........	....	A	1800	1813
Fr. Schmidt, geb. Boquet	....	S	1820	1828
Frl. Schmidt	....	S	1794	1794
Frl. Schmidt	....	S	1802	1832
Frl. Schmidt	....	S	1806	1807
Frl. Schmidt, Marie	....	S	1830	1832

NAME	TITEL		EINTR.	AUSTR.
Frl. Schmidt, Cecilie		S	1835	
H. Schmidts		T	1838	
H. Schmitz	Studiosus	T	1826	1829
H. Schneer		T	1836	1836
H. Schneider	Rechnungsrath	T	1812	1824
H. Jul. Schneider	Musikdirector	B	1830	
Fr. Schneider		S	1796	1796
Fr. Schneider, geb. Heinz		S	1831	
Fr. Schneider, geb. Rofs		S	1835	1838
Frl. Schneider		S	1833	1833
Frl. Mathilde Schneider		A	1837	
H. Schoch		B	1813	1831
Fr. Fried. Schoch		A	1809	1822
Frl. Schöning		A	1809	1811
Frl. Scholz		S	1794	1794
H. Schondorff		B	1796	1797
Fr. Schrader, geb. Bode	Medicinal-Assessorin	S	1793	1796
H. Schregel		B	1793	1795
Frl. Schröckh I		S	1831	
Frl. Louise Schröckh II		S	1835	
H. Schröder	Schauspieler	B	1792	1793
H. Robert Schröder	Studiosus	B	1830	1833
H. Gustav Schröder	Stud. Theol.	B	1833	1834
Frl. Schröder		A	1837	1838
H. Schuch		B	1835	1836
Frl. v. Schuckmann		A	1822	1833
Fr. Schütz, geb. Schaufs		S	1833	
Fr. Schütz, geb. Natorp	Doctorin	S	1834	1836
H. Schuhmacher	Musiklehrer	T	1796	1808
Frl. Schuhmacher		S	1797	1798
H. Schumann	Prof. an d. Ak. d. Künste	T	1800	1804
Fr. Gräfin v. d. Schulenburg		S	1825	1825
H. Schultz	Geh. Ober-Reg.-Rath	B	1808	1821
H. Schulz	Kammer-Musikus	B	1791	†1798
H. Schulz	Kriegs-Rath	B	1795	†1820
H. Schulz	Referendarius	B	1800	†1820
H. Schulz	Berg-Cadet	B	1802	1805
H. Schulz	Bau-Conducteur	B	1803	1804
H. Schulz	Divisions-Prediger	T	1809	
H. Schulz	Referendarius	B	1827	1834
Fr. Schulz, geb. Kilitschky	Königliche Sängerin	S	1806	
Fr. Schulz, geb. Rellstab		S	1814	1819
Fr. Schulz, geb. Habel		S	1835	
Frl. Caroline Schulz		S	1812	1831

NAME	TITEL		EINTR.	AUSTR.
Frl. Pauline Schulz	....	S	1826	1829
Frl. Schulz	....	S	1830	
Frl. Auguste Schulz	....	S	1831	1833
Frl. Schulz..................	....	S	1834	
Frl. Hedwig Schulz..................	Königliche Sängerin	S	1836	
H. Schulze	....	B	1838	1840
H. Schulze II, Ludwig	....	B	1840	
Frl. Schulze, Anna	....	S	1837	
Fr. Schumann, geb. Hagen	....	S	1794	1795
Frl. Schwadke (nachmals Fr. Cavan)	....	S	1793	1793
Fr. v. Schwanenfeldt..................	....	S	1836	
Frl. v. Schwanenfeldt	....	S	1837	1838
H. Schwarz..................	Lehrer am gr. Kloster ..	T	1812	1814
Fr. Schwarz..................	....	S	1840	1840
Fürst v. Schwarzenberg	....	T	1833	1834
Fr. Schwendy	....	A	1836	
H. Schwiening	Prediger	B	1805	1806
H. Sebald I..................	Referendarius	B	1828	1835
H. Sebald II	Studiosus	B	1828	1835
Fr. Sebald, geb. Schwadke	....	A	1791	1795
H. Seeger..................	Stadtrath	T	1802	†1819
Frl. Seest	....	S	1839	
H. Graf v. Seherr-Thoſs	....	B	1632	1836
H. Seidel	Kapellmeister	T	1791	†1831
H. Seidel	Studiosus	T	1807	1808
Fr. Seidig, geb. Habel	....	S	1825	1827
H. Seifert	....	B	1828	1828
H. Seiffert	....	B	1835	
Fr. Seligmann, geb. Itzig	....	S	1792	†1794
Frl. Seligmann (nachmals Fr. Bendix)	....	S	1811	1814
H. Selkmann	....	B	1826	1838
Fr. Semler, geb. Nobiling	....	S	1790	1794
H. Senayders	....	T	1791	1793
H. Senf..................	....	T	1834	1834
Frl. Serre..................	....	S	1816	1818
Fr. v. Seydewitz, geb. Unger..........	Präsidentin	S	1820	1825
H. Siebok	....	B	1840	
H. Sieber	Geheim-Secretär	T	1804	1805
H. Sieber	Königlicher Sänger	B	1816	1816
Fr. Siegmund, Emma	....	A	1834	
H. Siegfried	Candidat	B	1835	
H. Siegfried	....	T	1837	1839
H. Siemens	....	T	1839	1840
Fr. Simon, geb. Jacobi	....	A	1816	

NAME	TITEL		EINTR.	AUSTR.
Frl. Simon		S	1795	1813
Frl. Simon		S	1836	
Fr. Snethlage, geb. Strubberg		A	1822	1831
Frl. Sönderopp		A	1837	
Frl. Solger		A	1835	1835
Frl. Solmar		S	1807	1828
Frl. Soltner		S	1814	1822
Fr. Henriette Sontag, nachm. Gräfin Rossi		S	1826	1826
Fr. Nina Sontag		S	1826	1827
H. Sotzmann	Referendarius	T	1802	1804
Frl. Sotzmann		A	1801	1801
H. Spandau	Organist	T	1820	
H. Spatzier	Hofrath	T	1791	1794
Fr. Spatzier, geb. Meyer		S	1794	1794
H. Spiker	Dr., Bibliothekar	B	1807	
H. Spillecke	Professor	T	1800	1820
Fr. Spillecke, geb. Küster		A	1803	1812
Fr. Sprengel		A	1798	1799
H. Staberoh I	Kaufmann	B	1815	1840
H. Staberoh II	Medicinal-Assessor	B	1826	
H. Staberoh III	Doctor Med.	B	1834	1839
Frl. Staberoh		S	1832	
H. Stägemann	Prediger	B	1797	1812
Frl. v. Stägemann		S	1816	1820
Fr. v. Stanisczuska		S	1795	1795
Fr. Starke, geb. Zenker		S	1813	
Fr. Stavenhagen, geb. Sterling		S	1797	1809
Frl. Stavenhagen		S	1840	1840
H. Stawinsky	Königlicher Schauspieler.	B	1837	
H. Stechow	Doctor Philos.	T	1837	
Fr. Steffens	Professorin	A	1832	1833
Frl. Clara Steffens		S	1832	1833
H. Steger		T	1833	1839
Frl. v. Stein		A	1816	1824
H. Steinbach	Geheim-Secretär	B	1813	1824
H. Steinbach	Referendarius	T	1825	
H. Steinbeck	Referendarius	T	1797	1830
H. Steinbrück		T	1826	1828
Fr. Steinert, geb. Gaertner		A	1830	1834
H. Steinmeyer		B	1811	
Fr. Steinmeyer, geb. Wimmel		S	1811	
Fr. v. Steinmetz		S	1814	1814
Frl. v. Steinmetz		A	1814	1814
H. Steinsdorff		T	1835	

NAME	TITEL		EINTR.	AUSTR.
H. Steinsdorff	....	B	1835	
Frl. Steinsdorff, Pauline	....	S	1835	1840
H. Stenge	....	B	1795	1795
H. Stenzinger	....	B	1836	
Frl. Stenzinger, Reinholdine	....	A	1836	
Fr. Stephan, geb. Röstel	....	S	1833	
Frl. Stephan	....	S	1836	1837
H. Stern	Musikus	T	1834	
Frl. Clara Stich	Königliche Schauspielerin	S	1828	
Frl. Stielke	....	S	1825	1838
Fr. Stier, geb. Oswald	....	S	1822	1830
Frl. Stier I, Alexandrine	....	A	1836	
Frl. Stier II, Therese	....	S	1833	
Frl. Stierle	....	A	1809	1810
H. Stobwasser I	....	B	1814	
H. Stobwasser II..................	....	B	1835	1837
Frl. Stölzer	....	S	1828	1829
Fr. v. Stojenthin, geb. v. Zenge	....	S	1812	1814
H. Stosch......................	....	T	1838	
Frl. Stotzer....................	....	A	1813	1820
Frl. Stotzer....................	....	A	1820	
Fr. Strauß	Hofpredigerin	A	1825	
Frl. Strauß, Alvine...............	....	S	1835	
H. Streckfuß...................	Geh. Ob. Reg.-Rath ...	T	1821	1834
H. Streit	Cantor.............	B	1796	1819
Fr. Strenge, geb. Andresse	Geheime Räthin.......	S	1808	
H. Stümer.....................	....	AT	1804	
Fr. Stümer, geb. Welz	....	S	1813	1828
Frl. Stümer....................	....	A	1834	
Frl. Stümer, Elise	....	S	1836	
Fr. Sulzer, geb. Curschmann	....	S	1826	
Frl. Sulzer	....	S	1828	1829
Frl. Surleau	....	A	1806	1814
H. Susemihl	Stud..............	T	1831	1834

T

NAME	TITEL		EINTR.	AUSTR.
Fr. Tanne	....	S	1824	1824
H. Tannhäuser..................	....	B	1835	1835
Frl. Tannhäuser, Bertha	....	S	1826	1832
Frl. Tannhäuser, Agnes............	....	S	1834	1840
Frl. v. Taubenheim (nachm. Fr. v. Heister)	....	S	1792	1793
Fr. Taubner	....	A	1805	1806
Frl. Tausch	....	S	1797	1798

NAME	TITEL		EINTR.	AUSTR.
Fr. Teichert, geb. Hobert	. . . .	A	1804	1805
Fr. Teichmann, geb. Isenburg	. . . .	S	1828	1829
H. Wilh. Tell	. . . .	B	1823	1825
H. v. Tengnagel	. . . .	B	1835	
Fr. v. Tengnagel, geb. Pfund	. . . .	S	1836	
Frl. Teufel, Auguste	. . . .	A	1836	
H. Teschner	. . . .	T	1833	1839
Fr. v. Tettenborn, geb. v. Piper	. . . . , ...	S	1810	1816
Fr. v. Thadden, geb. v. Hallmann	. . . .	S	1796	1798
Fr. Therbusch	. . . .	S	1826	1835
Frl. Therbusch	. . . .	S	1808	1810
H. Theremin	Candidat	T	1799	1801
Fr. Theremin	Hofpredigerin	A	1835	†1836
Frl. Bertha Thiel	. . . .	A	1837	1840
H. Thielemann	Mus. Instrumentenmacher	T	1805	†1821
H. Thoma	Doctor Medic.	B	1836	†1839
Fr. v. Thümen	Majorin	S	1832	
Frl. v. Thümen	. . . .	S	1808	1819
Fr. Türrschmidt, geb. Braun	. . . .	A	1814	
Frl. Türrschmidt, Therese	. . . .	S	1835	
H. Tiedke	. . . .	T	1820	1824
Frl. Tielker	. . . .	S	1823	1823
Fr. Tietze	Doctorin	A	1811	1814
Fr. Tilge	. . . .	S	1824	1828
H. Tilly	Secretair	T	1802	1810
Fr. v. Tilly, geb. Woderb	. . . .	A	1827	1828
Frl. v. Tilly, Julie	. . . .	A	1835	
Frl. Timanus	. . . .	S	1821	
Fr. Titel	. . . .	A	1833	1835
Frl. Titel	. . . .	S	1824	1825
H. Todt	Bildhauer	B	1833	
H. Toeche	Componist	B	1836	
H. Töpfer	. . . .	B	1813	1814
Frl. Tollin	. . . .	A	1801	1804
Fr. Tomasini, geb. Croll	. . . .	S	1802	1804
Frl. Wilh. Tondeur	. . . .	A	1823	†1838
Fr. Toussaint, geb. Engel.	. . . .	S	1795	1805
H. Trautvetter	. . . .	T	1803	1804
H. v. Treskow	Lieutenant	B	1830	1833
Fr. v. Treskow, geb. Jouanne	. . . .	A	1811	1828
Frl. v. Treskow	. . . .	S	1818	1820
H. Triest	. . . .	B	1833	1834
H. Troschel	Justiz-Rath	SB	1796	1804
H. Troschel	Bildhauer	B	1831	1834

NAME	TITEL		EINTR.	AUSTR.
H. Leo Troschel	Candidat der Theologie .	T	1833	1835
H. Troschel	Lieutenant	T	1838	
Fr. Troschel, geb. Niclas	....	A	1790	1800
Fr. Troschel, geb. Roufset	Doctorin	A	1830	1838
Fr. Fürstin Troubetzkoy	....	A	1834	1836
H. Graf Truchsefs	....	B	1800	1801
H. Truhn	....	T	1832	1837
Fr. Truitte	....	S	1799	1802
H. Tschirch	Musikus	T	1839	
H. Tülff	....	B	1836	1837
Fr. Türke	Justiz-Räthin	S	1808	1820
Frl. Türke....................	....	S	1818	1820

U

H. Ulrici	Kaufmann	B	1803	1808
Fr. Ulrici, geb. Gürrlich...........	....	S	1807	1817
Frl. Julie Ulrici	....	S	1801	1812
Fr. Unger, geb. Pappritz	....	S	1801	1805
Frl. Unger	....	S	1802	1810
H. v. Unruh	Oberst-Lieutenant	T	1828	
Frl. Unzelmann	....	S	1805	1807
Fr. v. Usedom, geb. Mollard	....	A	1826	1834

V

Frl. Valentin	....	A	1812	1813
Fr. Veit, geb. Mendelsohn	....	A	1796	1799
H. v. Veltheim	Landrath	B	1818	1825
Frl. Veltheim (Feldheim)	....	S	1822	1825
H. Vetter	....	B	1834	1834
H. Vettien	Prediger	T	1803	1810
Fr. Vettien, geb. Becker	....	S	1808	1810
Fr. v. Viebahn, geb. Bitter	Ober Regierungs-Räthin	A	1832	1834
H. Villaume	....	B	1829	1830
Fr. Villaume, geb. Deutsch	....	S	1798	1804
Fr. v. Vincke, geb. v. Schulz	....	S	1835	1835
H. Violet	Candidat	B	1810	1812
H. Vogel.....................	Candidat	T	1812	1816
H. Vogel-Schreiber	....	B	1833	1834
Frl. Vogel....................	....	A	1797	1802
Frl. Louise Vogel	....	A	1802	1804
Frl. Nina Vogel	....	A	1802	1804
H. Voigt	....	T	1833	1835

NAME	TITEL		EINTR.	AUSTR.
H. Voigt		B	1835	1838
Fr. Voitus, geb. Pappritz	Professorin	S	1791	†1837
Frl. Voitus, Minna		A	1793	1800
Frl. Voitus, Ernestine		S	1796	
H. Vollbort		T	1824	1825
Frl. Vollney		A	1800	1801

W

NAME	TITEL		EINTR.	AUSTR.
H. Wache		T	1824	1832
Fr. Wache		S	1815	1822
Frl. Wachenhusen		A	1813	1817
Frl. Wachsmuth		A	1836	1840
H. Wagener I.	Consul	B	1827	
H. Wagener II.		B	1833	†1838
Frl. Wagener		S	1796	1797
Frl. Wagener		A	1830	1835
Frl. Wagener, Caroline		A	1833	†1841
H. Wagner	Musiklehrer	T	1837	
Fr. Wagner, geb. Krauske		S	1816	1829
H. Walch	Prof. am Berlin. Gymnas.	T	1819	1828
Fr. Waldeck, geb. Alexander		S	1833	1840
Fr. Wallach, geb. Moſsner		S	1825	1829
H. Wallburger		T	1825	
H. v. Wallenberg		B	1830	1831
H. Wallmüller	Doctor Med.	T	1827	1840
Frl. Walter		S	1802	1807
Frl. Walther		S	1810	
Frl. Walther		S	1803	1803
Fr. Walther	Professorin	A	1805	1807
Fr. Wandel		A	1831	
H. Waxmann		B	1795	1795
H. Weber	Kaufmann	T	1838	
Fr. Weber	Kapellmeisterin	S	1811	†1834
Frl. Weber, verehel. Flaminius		S	1831	1838
Frl. Weber, Pauline		S	1838	
Fr. Wedel, Auguste		S	1836	
Fr. Wedel, Elise		A	1836	
Fr. Wegely		A	1792	1800
Frl. Wegely		S	1799	1800
Frl. Wegely		A	1800	1802
Frl. Wegely, Philippine		S	1801	1802
H. v. Wegener		T	1828	1829
Fr. v. Wegener, geb. Barandon		S	1799	1808

NAME	TITEL		EINTR.	AUSTR.
Frl. v. Wehmar....................	....	A	1805	1806
H. Weisse.......................	Kaufmann	T	1810	1820
H. Weisse.......................	Lehrer	B	1813	1820
Fr. Weisse, geb. Andresse	....	S	1808	1814
H. Weitling, Carl	....	B	1839	1840
H. Weitsch......................	Rector..............	T	1794	1795
Fr. Weitsch	....	S	1800	1806
H. Weitzmann I..................	Kammer-Secretair	B	1800	1802
H. Weitzmann II	Schauspieler..........	T	1800	1804
H. Wellenkamp..................	....	T	1835	1836
H. Wendland	Justiz-Commissarius ...	B	1839	
H. Wendt	Referendarius	B	1804	1804
H. Wendt.......................	....	B	1835	1836
H. Wendt	....	B	1836	1838
Fr. Wendt, geb. Köhler	....	A	1825	1826
Frl. Wentz.....................	....	S	1796	1796
H. v. Werder	Lieutenant...........	B	1835	1840
H. Wepler	....	T	1824	1833
H. Werner	....	T	1826	1837
Frl. Wesendonk..................	....	S	1805	1806
H. Wessel......................	....	B	1816	1821
H. Wessel......................	....	B	1825	1831
H. Wesselink	....	T	1838	1839
H. Westenholz	Musikus..............	B	1797	1799
H. Graf v. Westphal I.............	....	B	1826	1829
H. Graf v. Westphal II	....	B	1826	1829
H. Widmann....................	....	B	1837	1838
H. Wilke	....	B	1835	1840
Frl. Antonie v. Wilke	....	S	1831	1834
H. Wilkens.....................	Ober Rechnungs-Rath..	B	1817	1818
H. Wilkens.....................	....	T	1833	1834
H. v. Willamowitz................	....	B	1825	1832
Fr. v. Willamowitz	....	S	1824	1825
Fr. v. Willisen, geb. v. Brause	....	A	1832	1835
H. Wilmsen	Prediger	B	1793	1803
H. Wilmsen	....	T	1836	1837
Fr. Wilmsen, geb. Zencker..........	....	S	1795	1812
Frl. Wilmsen	....	A	1836	1839
H. Wimmel	Steinmetz-Meister	T	1809	1814
H. Wimmel	....	B	1821	†1831
H. Wimmel	Steinmetz-Meister	T	1832	
Fr. Wimmel	....	S	1834	
Frl. Wimmel....................	....	S	1824	
Frl. Wimmel....................	....	S	1830	1840

NAME	TITEL		EINTR.	AUSTR.
H. Winkelmann	....	T	1836	1838
H. v. Winning.....................	....	B	1800	1802
H. v. Winterfeld I...................	Geh. Ober-Trib.-Rath .	B	1809	1816
H. v. Winterfeld II..................	....	B	1809	1809
Fr. v. Winterfeld, geb. v. Thümen	....	A	1808	1816
Frl. v. Winterfeld	....	S	1808	1825
H. Winzer	Referendarius.........	B	1804	1808
Fr. Winzer, geb. Pochhammer	....	S	1803	1838
Frl. Winzer	....	S	1826	1829
Frl. Wischke	....	S	1838	
H. Witt	Doct. Philos.	T	1839	
Frl. Witte........................	....	S	1796	1799
Fr. Woderb, geb. Langerhans	....	S	1826	1834
Frl. Woderb (nachmals Fr. Bieler)	....	S	1810	1816
H. v. Witzleben	....	T	1831	1834
Frl. Wohlers, Henriette	....	S	1835	
H. Wolf	Kaufmann	B	1838	
H. Wolf..........................	Kammerger.-Referend. ..	B	1839	
Fr. Wolf, geb. Itzig	....	S	1799	1807
Fr. v. Wolf, geb. Henneberg.........	....	A	1819	1826
Frl. Wolf (nachmals Fr. Körte)	....	A	1807	1809
Frl. Wolf.........................	....	A	1812	1833
Frl. Wolf, Julie	....	S	1825	1830
Frl. Wolf, Henriette (nachm. Fr. Böhr) .	....	S	1836	
Frl. Wolf, Friederike	....	S	1834	
Frl. Wolfardt I	....	S	1832	1840
Frl. Wolfardt II, Emma	....	S	1838	†1840
H. Wollank	Justiz-Rath	B	1799	†1831
Frl. Wollank	....	S	1799	†1808
Frl. Susanne Wollank	....	A	1833	
H. Woltmann	Professor............	B	1803	†1822
Fr. Woltmann, geb. Sterling..........	Professorin	S	1796	1822
Frl. Woltmann	....	S	1825	†1828
H. Wülfing	....	B	1817	1825
H. Wünsch	Kammergerichts-Rath .	T	1816	†1835
Fr. Wünsch, nachmals Fr. Le Blanc Surville	....	S	1826	1840
Frl. Wühlisch	....	S	1832	
Frl. Wulfens	....	S	1817	1820
H. Wulkow	Cantor..............	T	1830	1832
H. Wurm	Banko Buchhalter	T	1801	1816
Fr. v. Wurmb, geb. v. Göcking	....	S	1799	1801
H. Wustrow	Hofrath	T	1820	1822
Fr. Wustrow, geb. Bußler	....	S	1819	1821
Frl. Wustrow	....	S	1834	

NAME	TITEL		EINTR.	AUSTR.
Y				
Fr. Gräfin v. York, geb. v. Brause.......	....	S	1834	1835
Z				
Frl. Zahn	....	A	1799	1803
H. Zarnack	Stud. Theol.	T	1817	1819
Frl. v. Zastrow	....	A	1835	
H. Zehden	Stud. Medic.	B	1833	1834
H. Zelle	Prediger	T	1808	1818
H. Zelter	Professor...........	T	1791	†1832
H. Georg Zelter.....................	....	A	1803	1803
H. Adolph Zelter	....	S	1812	†1816
Fr. Zelter, geb. Pappritz	....	A	1790	†1806
Fr. Doris Zelter.....................	....	S	1802	
H. Zencker	Geh. Hofrath........	B	1790	1802
Fr. Zencker	....	S	1815	1820
Frl. Pauline Zencker, verehel. Wendel...	....	A	1821	1829
Frl. v. Zenge.......................	....	S	1798	1799
Frl. Henriette v. Zenge	....	S	1812	†1813
Frl. Caroline v. Zenge	....	A	1812	1825
Frl. Julie v. Zenge...................	....	S	1817	1825
H. Zeune	Professor...........	T	1806	
H. Zeunert	....	B	1793	1794
H. Ziegel	....	T	1838	1840
H. Ziegler	Lieutenant..........	T	1802	1804
H. v. Ziegler.......................	....	B	1836	1837
Fr. Zierlein, Louise	....	A	1836	1838
H. v. Ziethen......................	Forstmeister	B	1803	1803
Fr. v. Ziethen	....	A	1804	1806
H. Zimmermann.....................	Professor...........	T	1824	
Fr. Zimmermann, geb. Riefs	....	S	1814	1834
Fr. Zimmermann, geb. Seifert	....	S	1632	
H. Zobel	....	B	1798	†1799
H. Zschaler	....	B	1836	1838
H. Zschiesche	Königlicher Sänger	B	1833	
Fr. v. Zschock	Geh. Ob. Finanz-Räthin.	A	1802	
Frl. v. Zschock	....	S	1832	
Frl. v. Zschüschen	....	S	1835	
H. Zürn	....	T	1818	

NAME	TITEL		EINTR.	AUSTR.
Fr. Zürn, geb. Tannhäuser ....,......	....	S	1826	1840
H. Zugbaum	Musiklehrer	T	1814	1814
H. Zumpft.......................	Geheimer Registrator ..	B	1806	1808
H. Zwicker	Geh. Ob. Trib.-Rath ...	T	1810	
Fr. Zwicker, geb. Schoch..............	....	A	1806	1810
Fr. Zwicker, geb. Seidel	....	S	1822	
Frl. Zwicker	....	S	1810	1815
Fr. v. Zylow	....	S	1793	1794

CPSIA information can be obtained at www.ICGtesting.com
Printed in the USA
LVOW11s1910080414

380849LV00020B/679/P